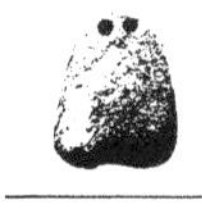

歴史文化ライブラリー

5

会社の誕生

高村直助

吉川弘文館

目次

日本経済と「会社」……1

会社の発見

幕末洋行者による会社の発見……6
会社のルーツ……13

会社の奨励

維新政府の会社認識……30
国立銀行—日本最初の株式会社……40
会社をめぐる法制……47
草創期の会社……60
進まぬ法整備と規制の強化……68

会社の先駆

先駆的大会社……76

初期の大会社……80
西洋からきた新産業……89
運輸部門の大会社……100

会社の勃興

局面の転換……118
第一次企業勃興……125
企業勃興期の会社……133
鉄道ブーム……137
紡績ブーム……157

会社の普及

会社法の施行……172
第二次企業勃興と産業革命の達成……179
会社の発展……185
株　主　層……194

会社企業の定着……200
独占形成と会社―むすびにかえて……209
参考文献
あとがき

日本経済と「会社」

「経済大国日本」をめぐる華々しい議論は、バブルの崩壊で下火になってきたが、議論の過程でキーワードとして盛んに用いられた、「日本株式会社」「会社主義」「会社人間」等という言葉が指し示していた現実が、大きく変わったわけではない。「会社」が経済や社会のなかに広く深く浸透し、経済や社会において「会社」があたかも主人公であるかのような日本の現実は、どのようにして生まれたのであろうか。

もっとも、経済の領域にとどまらず社会の領域にまで、「会社」が広く深く浸透するようになったのは、高度経済成長期のことであろう。その浸透の始まりは、戦時統制経済期あるいは遡っても第一次大戦後のことであると考えられる。

本書が取り上げようとするのはそのもう一段階前、日本の経済の領域に「会社」が浸透し、経済の不可欠な構成要素になっていった時期である。「会社」にもさまざまな形態があるが、検討の中心は、会社のなかでも中心の位置を占めるようになる株式会社に置かれる。

日本最初の株式会社は、一八七二年（明治五）の国立銀行条例に基づいて叢生した国立銀行であった。出資者全員が有限責任であることから、広い範囲から社会的資金を集中するのに最も適していた株式会社制度は、比較的短い期間に多くの産業分野で導入されていった。とりわけ、産業革命の生産面の牽引車となった紡績業や流通面の牽引車となった汽船海運業・鉄道業は、株式会社として急速に発展し、その結果、産業革命が一応達成される一九〇〇年（明治三三）頃には、株式会社は日本経済に広く普及することになった。

産業革命の元祖ともいうべきイギリスの場合には、主役となった企業形態は数人程度の共同出資企業であったといわれるが、日本では、資本蓄積の乏しさと産業革命とのギャップを埋める役割をはたしたのが、株式会社制度であった。一方、ヨーロッパの後発国であったドイツでは、株式会社を担い手に重化学工業を舞台として産業革命が進展し、その達成は同時に独占資本の形成となったが、日本の場合はこれとも異なっていた。

この一九世紀の第3・四半期における株式会社の形成・普及の過程を明らかにするのが本書の課題であるが、その際、特に次のような諸点に留意したい。

第一は、江戸時代と明治時代、あるいは近世と近代の断絶と連続という問題である。株式会社の出現は明治に入ってからのことであったから、その意味では近世と断絶していることは明らかである。しかし、その株式会社が比較的短期間に普及していったという事実を説明するには、それが広く受け入れられる何らかの前提が、近世において成熟していたのではないか、という検討を欠かせないと考えるからである。

第二に、株式会社の形成・普及の過程を、政府よりは民間の側に重点を置いて見ていきたい。株式会社の形成・普及が論じられる場合、政府や一部先覚者の役割にスポットが当てられるのが通常であり、またそれは間違いではない。しかし政府が積極的に保護した会社企業は一部限定された存在であり、そこから直ちに会社企業の叢生を説明することはできない。実は一般会社の側からすると、本文で述べるように、たとえば政府による会社法制整備の立ち遅れは、その形成のネックになってさえいたのである。

第三に、株式会社の形成・普及の過程を、指導者よりは被動者の側に重点を置いて考えていきたい。株式会社の特徴が、広い範囲から社会的資金を集中することにある以上、指導者の呼びかけに応じて出資する被動者側の動きを視野に入れることは、どうしても必要であろう。

4

なお、以下史料の引用に際しては、読みやすさを配慮し、片仮名は平仮名に改め、適宜句読点や濁点、送りがなを加えた。

会社の発見

幕末洋行者による会社の発見

幕末開港後相当数の武士や留学生が西洋を訪れ、近代文明に大きなショックを受けて帰国したことは広く知られている。経済に即してその近代文明を代表したものは、汽船・蒸気機関車や機械制工場などの機械文明であったが、これらいわばハード面の発見と並んで、ソフト面での発見の一つが「会社」なるものであった。

福沢諭吉の商人会社

福沢諭吉の『西洋事情』初編（一八六六年〈慶応二〉）は、自版一五万部、偽版を含め二〇～二五万部も刊行され、後年福沢自身が、「西洋事情は恰(あたか)も鳥無き里の蝙蝠(こうもり)、無学社会の指南にして、維新政府の新政令も或(ある)いは此(こ)の小冊子より生じたるものある可(べ)し」（「福沢全集緒言」〈『福沢諭吉全集』第一巻、二九ページ〉）と述べているように、大きな影響力を持った。

その巻之一には、「政治」「収税法」「国債」「紙幣」という項目の次に「商人会社」が置かれ、その後に「外国交際」「兵制」と続いている。つまり「商人会社」は、国家的レベルの重要項目のなかに並べられているのであり、福沢が大きな重要性を認めていたことがうかがわれる。その「商人会社」では、次のように述べている。

西洋の風俗にて大商売を為すに、一商人の力に及ばざれば、五人或いは十人、仲間を結びて其の事を共にす。之を商人会社と名づく。既に商社を結め(むす)ば、商売の仕組、元金入用の高、年々会計の割合等、一切書に認(したた)めて世間に布告し、「アクション」と云へる手形を売りて金を集む。……総(すべ)て商船を造りて外国と交易し、飛脚船を以て世界中に往来し、為替問屋を設けて各国と互に取引を為し、鉄路を造り製造局を建て瓦斯(ガス)燈を設くる等の大商売より、国内の諸商売に至るまで、皆此の商社の為す所なり。

（同前、二九七〜二九八ページ）

ここでは、西洋においては広く「商社」が経済活動の単位となっており、とりわけ造船・海運・銀行・鉄道など、個人では難しい大資本を要する分野で会社組織がとられていることが認識されている。株式のことを「アクション」「手形」と称しているが、それが社会的に募集されていることも認識されている。その「手形」に対しては、「利潤多ければ、右定めたる利息の外に別段の割合を与ふべしとの約束を為す」として、利子と配当双方が与えられるように述べている点は理解に混乱が見られるが、しかし、「手形」は時価により売買はできるが、商社から元金を取り戻すことはできないとしており、融資と区別された出資であることは認識されている。

小栗忠順の商社設立計画

すでに幕末に、「商社」をつくる動きが幕府において生まれていた。その中心人物は幕府最後の勘定奉行小栗忠順(おぐりただまさ)であった。小栗は一八六〇年(万延元)日米修好通商条約の批准書(ひじゅんしょ)交換のための遣米使節に加わったことがあり、帰国後は外国奉行や勘定奉行を歴任していた。幕末には、西南雄藩がイギリスに接近したのに対抗して、幕府はフランスへの接近を強めていたが、その折衝の中心にあったのが小栗であった。一八六六年(慶応二)八月、幕府はフランスとの間に六〇〇万ドル借款の契約を結んだが、その返済資金の捻出(ねんしゅつ)の意味を含めて、九月には「日本の商業・航海大会社」を組織する契約が結ばれている。その具体化が翌年の兵庫商社設立計画であった。

一八六七年(慶応三)四月、小栗等勘定奉行・奉行並(なみ)四名連署になる「兵庫御開港に付、商社取建方并御用途金見込之儀申上候書付」は、兵庫開港（同年一二月七日実現）に当たり、これまでの長崎・横浜と同じようなやり方をしていては、「開港に相成り候度毎に御損失に相成」るとし、また兵庫・大坂の居留地建設など開港場の整備に八、九十万両は必要であるとする。

> 一体交易筋は、商人共一己之利益のみを貪り、薄元手之者共互に競ひ取引いたし候様にては、元手厚の外国人の為に利権を得られ、当時横浜表商人之如く今日僅かに千金之益あり候共明日直に壱万両之損失出来候儀は、全くは商人組合申さず一己々々にて取引致し候より右様之次第に陥り候儀……就ては外国人と取引いたし候には、何れにも外国交易の商社（西名コンペニー）の法に基づき申さず候半では、迚も盛大之貿易と　御国の利益には相成り申す間敷くと存じ奉り候。（『開国起源』下〈『海舟全集』第二巻、五九九〜六〇〇ページ〉）

貿易取引で「元手厚の外国人」に対抗するには、カンパニーの制度を取り入れて「商社」を結成すべきだというのである。もっとも文中に「商人組合申さず」とあるように、この「商社」が組合と異なるものと意識されていたかどうかは疑問が残る。

その計画は、大坂などの有力商人に一〇〇万両を出資させ、商社に同額の金札発行権と貿易参加資格を与える。幕府は三年間の関税収入によって出資金を返済し、それとともに金札の通用を中止させる。貿易商社の具体論はなく、これでは、貿易に参加する特権を与える代わりに、幕府へ一時融資させるという域を出ない。

兵庫商社の実状

実際に六月に発足した兵庫商社の実態は、もっと惨めなものであった。九月までに幕府は、有力な大坂商人を「指名」して、頭取三・肝煎六・商社御用聞六十数名を参加させる代わりに、苗字帯刀・一代限り扶持米の特権を与え、五万二〇〇〇両を出資させた。商社は若干の年貢管理と一万両余の金札発行（流通せず）を行ったが、一八六八年（慶応四）一月鳥羽伏見の戦いで幕府軍が敗走すると瓦解に終わった。小栗自身は徹底抗戦を主張して徳川慶喜に罷免され、閏四月、官軍に捕らえられて斬首された。

兵庫商社は、目標はともかく、現実は、「其の組織より見れば組合であった」（菅野和太郎『日本会社企業発生史の研究』一〇九ページ）し、さらにいえば、「当座的な資金調達を主な目的とする、一種の組合組織に終始した」（由井常彦「明治初年の会社企業の一考察」一三七ページ）のであった。とはいえ、会社組織の導入が何よりもまず、外国商人と直接に接触する貿易取引の分野で必要だと認識されたことは注目に値する。維新政府もまたその点で共通していたのである。

なお、幕末に幕府との対決姿勢を強めていた雄藩側で会社が誕生したという説がある。文庫になり、読まれた方もあるかと思われるので、一言だけ触れておこう。坂本藤良氏は『坂本龍馬と海援隊』（講談社文庫）で、一八六七年（慶応三）四月に結成された坂本龍馬等の海援隊が、兵庫商社に並ぶ最初の株式会社だったのではないかとされている。

海援隊は会社か

しかし、その根拠はまことに薄弱であり、そもそも海援隊は純然たる経済組織とはいえない。結成に先立って作成された「商社示談箇条書」は、

馬関〔下関〕通船の儀は何品を論ぜず、上下ともに、成る可く差し止め、譬え差し通さず候ては叶わざる船といえども、改めあいすまざる趣を以て成る可く引き止め置き候儀、同商社の最緊要たる眼目に候こと（同前、七九ページ）

と述べており、武力を背景に関門海峡を通過する物資の流通を掌握するための軍事的な組織という性格を持っていた。だからこそ「海援隊約規」では、「凡そ隊中の事　一切隊長の処分に任す。敢て或いは違背する勿れ。若暴乱事を破り、妄謬害を引くに至ては、隊長其の死活を制するも亦許す」（同前、八五ページ）といった、軍隊であるかのような文言

も記されているのである。したがって、経済組織であることを自明の前提として論じることは、そもそもナンセンスであろう。

ところで、福沢にせよ小栗にせよ「商人会社」「商社」というとき、それはまったく西洋のものの導入として意識されていたことは明らかである。それではそれ以前の日本には、会社に当たるもの、あるいはその前身というべきものは存在しなかったのであろうか。

会社のルーツ

江戸時代において、会社またはその先駆と見られるものはどの程度存在していたのであろうか。その点を見る前に、まず簡単にでも会社の諸形態について説明しておく必要があろう。

会社の三形態

出資者の経営業務執行との関係（権利）と出資者の責任（義務）との二点から特徴づけると、会社には次の三形態がある。

合名会社——出資者全員が業務執行権を持つ、あるいは社員全員が「機能」資本家である。出資者全員が連帯して無限責任を負う。無限責任とは会社が対外的に債務を負い、出資額ではそれを返済しきれない場合、出資者各人の個人資産を投じても責任を負うことをいう。

合資会社――無限責任と有限責任の二種類の出資者からなる。無限責任社員は業務執行権を持つ代わりに無限責任を負う。有限責任社員は業務執行権を持たない代わりに、その責任は出資額の範囲にとどまる。

株式会社――業務執行権は取締役会にあり、出資者はその選出には関わるが直接業務には関わらない。その意味で出資は「無機能」である。その反面出資者の責任は有限であり、出資額（厳密には株式額面）を越えて責任を追及されない。なお簡便な株式会社とでもいうべきものに有限会社があり、現在でも零細企業に多く見られるが、これは一九三八年有限会社法で認められたもので、本書の対象とする時代には存在しなかった。

以下で述べるように、明治に入ってさまざまな新産業が勃興するに当たって、それを担うものとして株式会社が多く設立される。その際、他の形態の会社ではなく、株式会社の形態がとられたのは、多大の資本を要する新産業を起こすに当たって、有限責任制の出資であることが、広い範囲から多くの出資者を募集し、社会的資金を集中するのに最も適合的な形態であったからである。したがってわれわれの関心は、近世において「無機能」「有限」の出資がどのていど見られ、近代を準備していたのかという点に置かれる。

(1)　大商人の同族的共同出資企業

近世の共同出資企業については、古典的研究というべき菅野和太郎『日本会社企業発生史の研究』(一九三一年)をはじめとして、かなりの研究が蓄積されている。菅野氏は、「今日の意味に於ける会社なるものは……開港後泰西よりの新移入物であるが、実質上会社に類似するもの又は会社の先駆と見るべきものは、既に徳川時代に於いても若干存在したやうである」(一九ページ)とし、三井家について「一家一門の共同企業形態で、合名会社又は組合に類するもの……各家間の権利義務又は三井組と各家との関係等は、今日の合名会社の如く、然かく明瞭に規定されて居なかったもののやうである」(二一ページ)と指摘している。

本両替に代表される大商人の同族的経営が、合名会社ないし合資会社の先駆といえることは、現在では広く承認されている。その中でも最も著名なのは三井家の場合である。

合名会社の先駆　三井家

伊勢松阪で米穀商・貸付業を営んでいた八郎兵衛高利は、一六七三年(延宝元)京に呉服店を開業したのを初めとして、一代のうちに江戸・大坂・京の三都に呉服店と両替商を開業し、一六九一年(元禄四)には幕府の公金為替を扱う「御為替方」に任ぜられた。高利は一六九四年その死に臨んで、六人の息子および娘と孫娘の婿三人に対して、それぞれの担当店と「惣有物」(総資産)の相続の「持分」割合を定めたが、相続人達は長男高平(たかひら)に対し総資産を分割しないで運用することを誓約した。

高平は一七二二年(享保七)の遺言で、総領家を含む本家六家と連家(れんけ)三家の各家の「割歩(わりぶ)」を定めた。「割歩」は、「高」二二〇のうち二一〇を、総領家の八郎右衛門の六二から連家八郎の七に至るまでの九家に配分し、残り一〇を「余慶(よけい)」としている。これは九家の出資分を定めたものといえるが、いうまでもなく各家が現実に出資をしたわけではなく、また各家が自由にその出資分を処分できたわけではない。むしろこの「割歩」は、急速に蓄積された資産を、分家等によって分散させないために定められたのであった。現実にはそれは、利益などの配分の基準を定めたものであり、だからこそ「余慶」も、「本家連家次男並び末子取立の心当て建て置き申す処なり」とされているように、いわば留保利益の割合を定めたものであったのである。

三井家の経営全体を統括するのは、一七一〇年(宝永七)に設けられた「大元方(おおもとがた)」であり、それは本連家各家の主人によって構成されたから、各家主人は「機能資本家」であったといえよう。対外的責任は「家族主義的に連帯かつ無制限であったとみることができ」

（由井常彦「わが国会社企業の先駆的諸形態」一二〇ページ）、一七二二年（享保七）の「家憲」も、将来社会の大変動などで経営の維持が困難になった場合は、「総領家一軒ばかり京住宅にいたし、他の同族の者は残らず勢州へ引っ越す積もりに心得べし」と記している。

このように三井家の組織形態は、無限責任の機能資本家からなる合名会社の要素を備えていたといえよう。

合資会社の先駆　鴻池家

これに対して大名貸しや新田開発で知られる鴻池（こうのいけ）家の場合は、奉公人出身の別家や手代をも構成員に加えており、奉公人をも家族に擬制しているといえよう。ただし機能出資者は本家と有力分家・別家に限られ、その他の分家・別家・手代は、無機能出資者にとどまったから、同家は合資会社の形態をとったものといえよう。安岡重明氏は、「近世の大商家は鴻池家の形の方が一般的であった」（「企業形態」九六ページ）と指摘されている。

所有と経営の分離

このように近世の大商家においては、組織形態において合名会社・合資会社と見なしうるものがかなり存在していた。しかしそれは、静態的に見た場合にいえることであり、共同出資によって出発したのではなく、個人経営が相当の蓄積を進めた段階で、現実には家族への資産の分散を避けるために、利益配分の基準を定めたものであった。そのことから出資者も、同族の範囲に閉鎖されていた。奉公人が加えられる場合も、家族に擬制される限りでのことであった。

このような大商家の組織形態は、幕末維新期の知識人や政府関係者にもある程度は知られていたと思われるが、対外対抗のために、社会的資金を集中して会社を形成すべきだと考えた彼らにとって、これら大商家の組織はお手本とは考えられなかったのも当然であったといえよう。ただし、だからといって近世の大商家の組織のあり方が、株式会社企業の勃興にまったく影響を与えなかったとするのは正しくないであろう。大商家の傘下にある複数の店舗は、名義上は一族の者が主人になったり、大方針については本家や同族組織によって決定されたとはいえ、日常的な業務は奉公人である幹部にゆだねられるのが普通であった。つまり一定の範囲で所有と経営の分離が進んでいたのであり、そのことは同時代においてもよく知られていたことであった。

明治になって誕生する株式会社では、大株主である社長の指揮下で、株式をほとんど、あるいはまったく持たない支配人や技術長が、現場で大きな権限をふるうことが多かったが、そういうあり方がさしたる抵抗なく受け入れられたのには、このような歴史的前提があったと考えられるのである。この点宮本又郎氏は、大商家の経営の「近代企業への遺産は……企業形態面よりも、経営面においてより大きかったものと考えられる」（「産業化と会社制度の発展」三五八ページ）と指摘されている。

(2)　近江商人の共同出資企業

それでは、商人達が文字通り共同で出資して企業を経営するという事例はどうであろうか。これについては、「commenda と殆んどその組織を同うする一種の匿名組合」（菅野前掲書、二二三ページ）があったとする菅野和太郎氏と、それを批判する由井常彦氏の議論がある。

世界史的に会社の先駆形態とされるのが、コンメンダである。それは中世イタリアで、地中海貿易をめぐって発生したとされるが、それより早く八〜九世紀のイスラム法学書に見られるとの指摘もある。それは地中海貿易を営む営業者が、一航海ごとに出資者を募り、出資者は利益の分配にあずかるが、損失のあった場合にも最悪で出資金をふいにすることはあっても、それ以上に責任を追及されないというものである。これに類似しているのが現在の商法でも規定されている匿名（とくめい）組合である。それは、「無機能」組合員の「有限」出資と営業者の企業経営とからなる共同出資企業の一つである。合資会社に似ているが、外部に対して営業者のみが権利義務の主体として現れ、組合出資者は外部に分からない（匿名）点が異なる。

さて菅野氏は、近江商人の共同出資企業として次の三例を挙げ、「匿名組合が企業の開拓者となりしことは全く東西其の軌を一にして居る」（三一ページ）としたのに対して、由井氏ははたして無機能・有限責任の出資であったかと疑問を呈している。

煎海鼠の長崎移出引受け

一七四一年（寛保元）から一七五六年（宝暦六）までの一六年間にわたって存在した、近江商人による輸出向け煎海鼠の長崎移出の共同事業について、菅野氏は、経営責任者西川伝治の出資は二株で、隠れた出資者二〇人が三八株を出資しているが、「実際の経営は西川伝治が一人で之を引受け、出資者は唯其の営業によりて生じた損益の分配に与ったにすぎなかった」と、西川以外は無機能・有限責任出資であったとされた。出資者は、「出資の割合即ち株数の多寡によりて其の損益を分配」（同前、二五ページ）され、難船による損失をも株数に応じて負担したとされた。

これに対して由井氏は、出資者は愛智郡柳川村・薩摩村「松前組」と蒲生郡八幡町「松前組」の「両浜組」メンバーとほぼ一致しており、松前藩から、長崎への煎海鼠移出扱いの特権を、両浜組仲間として与えられたのであるとされた。西川はその仲間の代表であり、運営については仲間で協議しており、難船に際して追加徴収もしていると指摘し、「一種の組合企業であり、機能商人相互間の持分出資の形態であることは明らかであろう」（前掲「先駆的諸形態」一三二ページ）とされている。

私も、「一種の組合企業」とする由井氏の評価には賛成であるが、仲間の協議がどこまでの範囲であったかは判然とせず、また難船の損失を株数に応じて負担したということが追加出資を義務づけたものかどうかも判然としないので、挙げられた史料の範囲では機能・無限責任出資であったと断じることもできないと考える。ただし、菅野氏のいうように、この事例が無機能・有限責任出資であったとするのも、同様の理由で無理がある。

択捉（えとろふ）場所請負　菅野氏は、一八三八年（天保九）藤野喜兵衛・西川准兵衛・岡田半兵衛の三家が箱館（函館）に丸三近江屋惣兵衛店を開き、支配人が実際の経営に当たった事例を挙げ、三家は表面に出ることなく、六・二・二の出資の比率で損益の分配を受けるにとどまったとされた。

これに対して由井氏は、三家は近江出身の場所請負人の雄で、ある程度互いに親しい関係にあり、支配人は三家から独立しておらず指図を受けたであろうし、各家は丸三店から出資を上回る借出しをしており、有限責任と評価する余地はないと指摘し、また欠損続きで早くも一八四四年（弘化元）に解散しており、「当座的な機能資本家相互の無限責任的資本統合形態と規定すべきであろう」（前掲「先駆的諸形態」一三五ページ）とされている。

私の考えによれば、この箱館の丸三店は三家共同の出荷中継拠点ではないであろうか。だとすれば支配人にどの程度の独自性があったかは問題であろう。一方、丸三店から三家への貸越しがあったとしても、それは中継出荷の過程で生じうるものであり、「出資者が随時思うままに出資金をひき出しうる経営」（同前、一三五ページ）と決めてしまうことはできないのではないか。この事例も、明確な結論を出すには史料不足であるように思われる。

稲西屋　近江商人稲本利右衛門（神崎郡）と西村重郎兵衛（蒲生郡）は、一八一九年（文政二）同額出資で大坂備後町に呉服店稲西屋勝太郎（庄兵衛）を設けたが、支配人が経営に当たり、「両家は単に出資による損益の分配に与ったにすぎない」（菅野前掲書、三一ページ）と、菅野氏は評価された。

由井氏は、「両主は交互に出社して店務を統宰し監督する事となれり」という『回顧録』の記述から、稲西屋支配人は両家から経営を監督されており、「機能資本家相互の共同企業」（前掲「先駆的諸形態」一三八ページ）であったとされている。

以上、菅野氏の挙げられた三つの共同出資企業については、いずれも、明確に無機能・有限責任の出資であったとすることはできないと考えられる。

「店名前」　最近安岡氏は、「店」が出資者とは別の「名前」を持っていたことに注目し、「有限責任制は江戸期の日本の社会制度により、実質的には実現されていた」（「企業形態」九七ページ）と主張されている。出資者から独立した独自の「店名前」を持つ経営が破綻した場合、責任追及がその店限りにとどまり、出資者には及ばなかったというのである。

挙げられている事例のうちには、当主の引き起こした刑事事件の処分が支店には及ばなかったという民事以外の事件や、財産隠しといった方が適当な事例も含まれているが、確かに同族的企業で多店舗展開している場合、一店への責任追及が他店にまでは及ばないという事例は存在したと考えられる。しかし、それは結果論というべきではないであろうか。近世においては、庶民相互の民事的問題は「相対(あいたい)」（示談）で解決せざるを得ないのが現実であり、責任を徹底的に追及することが現実には極めて困難であったことを意味するだけではないのであろうか。「店名前」は、所有と経営の分離という観点からは興味深い対象ではあるが、「実質的」という形容詞を付して有限責任制の形成だとするのは適当ではない。

出資者が有限責任であることを確信して出資し、また当該企業と取り引きする相手も有限責任と知ったうえで取引しているという関係が存在しなければ、株式会社の歴史的前提が形成されていたとはいえないであろう。

(3)　当座的事業への共同出資

一方、継続的ではない当座的事業に無機能・有限責任で出資する事例はかなり豊富である。

すでに鎖国以前の朱印船貿易において、「抛銀（なげがね）」というコンメンダ類似の共同出資が行われていた。朱印船主に対して、貿易業者が有限責任の投資家から出資を受けて一定の銀を提供し、利益を上げて帰国した場合は船主・貿易業者・出資者に利益を分配するが、海難等で損失が出た場合は元利返済の義務がないことを、あらかじめ約束しておくというものであった。類似の仕法は近世中後期の廻船経営でも見られた。船主と船問屋が第三者から出資を募り、船舶を購入し買い入れた商品を積み込んで沿岸商業を営み、損益・経費を出資に応じて分配することを「廻船加入証文」で取り決めた。

　大名貸しにおいても「加入証文」による共同貸付が行われた。直接に大名貸しを行う両替商に対して別の両替商が、貸付先・期間・利率を記した証文を取り交わして資金を提供するが、大名からの返済がない場合は元利返済を要求できず、融資ではなく出資であった。

　これらはいずれも無機能で有限責任の出資であるといえる。しかし「当座的なもので継続的事業体として成り立ったものではなかった」（宮本前掲論文、三五三ページ）と指摘されているように、一回的な事業に対する出資であって、継続性のある企業に対する出資ではなかった。

近世と近代の断絶

　以上、近世の共同出資企業に関する研究史を追いながら、若干の私見を加えてきた。その結論は次のようにいえよう。

　第一に、株式会社の普及に伴って、所有と経営とは分離する傾向を持つことになるが、近世の大商家の同族的企業などでは、出資者ではないものが日常的な経営を切り回すことが広範に行われ、所有と経営の分離の慣行は一般社会にも広く知られていた。所有と経営の分離の慣行は、株式会社形成期において、支配人等に日常的経営をゆだねることを、違和感なく受け入れる歴史的前提になったといえよう。

第二に、近世の大商家においては、合名会社や合資会社の組織的特徴を備えた同族的企業が生まれていた。事実それらのうちには、会社法の施行に伴って合名会社や合資会社になっていくものが少なからず存在した。しかしそれらは、そもそも共同出資によって生まれたものではなく、またその共同出資の範囲も同族的な閉鎖性を持っており、社会的資金の集中に連なるものではなかった。

第三に、ある程度継続的に存在した企業への同族的範囲を越えた無機能・有限出資については、無機能・有限責任を前提としたうえでの共同出資の事例は、明確な史料的根拠を持つものがなく、有限責任とされる事例も結果的にそうだったというにとどまる。

その意味で全員が無機能・有限責任出資者からなる株式会社の先駆は存在していなかったのであり、それはまさに、外から新知識として持ち込まれたものだったのである。その意味で、幕末洋行者にとっての「会社」は、彼らが有限責任出資を漠然とながら認識していた限りにおいて、「発見」だったといってよいであろう。

「出資する」という意識

ただし、共同出資企業というレベルで近世と近代の断絶を強調するだけでは問題は片づかない。明治になってそれほど時間がたたないうちに、株式ブームが生じたことが理解し難くなるからである。

企業への社会的資金集中という意味で、有限・無機能出資の慣行・意識があったという積極的根拠は今のところ見つかっていない。したがって、株式会社が自然発生的に生じるような前提が存在していなかったことは疑いないことである。しかし、誰かが株式会社を設立しようとした場合、必ずしも企業への出資という意識ではないにせよこれに出資する、あるいはすでに存在している会社の株を買うという意識の前提も存在していなかったであろうかといえば、そうではないであろう。

この点で注目されるのは、先に紹介した一時的事業に対する無機能・有限出資の事例である。廻船・大名貸しへの「加入」がかなりあったということは、もしかなりの配当を期待できそうな企業設立計画があった場合、これに応じる前提が存在したということを意味するのではなかろうか。この種の事例は大商人のレベルに限定されるが、無機能・有限責任という前提で何らかの証券を購入するというところまで範囲を広げてみると、そのような慣行はより広範に存在していたといえよう。たとえば、大坂堂島を中心に盛んであった米穀取引をめぐる米切手の売買などもそれに該当するものであろう。さらに広げれば、突飛なようだが、多くの層を巻き込んだ無機能・有限出資として「富籤（とみくじ）」（現在の宝くじのようなもの）の存在をも評価できないであろうか。

「富籤」は近世初期の寛永頃から存在していたといわれるが、近世中期には、由緒のある寺社の修復の資金調達手段として幕府に「御免富」として公認されるものが現れた。まず仁和寺に一七三〇年（享保一五）に幕府が許可したとされ、以後各地の古社寺に広がっていった。一九世紀初めの文政期には、大坂では一枚四〜六・五匁のものが一会四万余枚、江戸では二〜六匁のものが一会二万余枚売り出されていた。社寺境内での売り出しが本来であったが、後には市中にも札屋ができたという。プレミアム付きの売買や、競馬の「のみ」行為のような「蔭富」も行われていた（宮本又郎ほか『庶民の歩んだ金融史』）。このように広範な人々を巻き込んだ「富籤」の流行は、株式取引を違和感なく受け入れる前提になったのではないであろうか。

会社の奨励

維新政府の会社認識

維新政府は発足間もなく、外国貿易の振興と商品流通の掌握を目的に、商法司（一八六八年〈慶応四〉閏四月京都・大坂、同年〈明治元〉一二月東京）を設けた。

商法司は各地有力商人に商法会所を組織させ、財政資金と殖産資金に当てるために発行した太政官札（金札）四八〇〇万両のうち六五六万両を、多くの場合は会計基立金応募の見返りとして貸与した。地方での商法会所の実態は、福井藩総会所に見られるように、幕末に存在した藩の国産会所と類似のものであった。会所は各地に分立して相互に連絡がなかったうえ、金札は当初信用がなく流通難に陥り、結局、一八六九年（明治二）三月商法司廃止に伴って消滅していった。商法会所は会社ではなく、実質的には株仲間・国産会所の利用・再編の試みにとどまったのである。

そもそも、商法司が商法会所の設置趣旨を周知させるために発した「商賈須知方規」の中に「会社」という言葉が出てくるが、「諸株（株とは、同種の商業を営する者を幾戸と限定して其の商業を専権し、他人の之を営するを許さざるを言ふ）の会社の其の社員を増減するは便宜に委す」（『大蔵省沿革志』〈大内兵衛ほか編『明治前期財政経済史料集成』第三巻〉三五七ページ）というものであり、会社と株仲間を同一視していたのである。

通商会社・為替会社の設立

井上馨・五代友厚等の洋行経験者が加わって一八六九年二月通商司が組織されると、その任務を規定した六月二四日の太政官の令達は、「曰く商賈（商人）の諸株を廃置し若くは改正す。曰く商賈会社の団結を許可す」（『大蔵省沿革志』二六〇ページ）と述べており、ここでは会社と株仲間とは区別されており、その意味で会社認識の「いちおうの画期」（由井常彦「明治初年の会社企業の一考察」一三八ページ）といえようが、しかしなお商人の結社というニュアンスを含んでいることが注目される。

通商司は、東京・大坂・京都の三都（元会社）と横浜・神戸・新潟・大津・敦賀に、為替会社・通商会社を組織した。主要都市と開港場間の商品流通を掌握するのが通商会社の任務であり、それへの金融を担当するのが為替会社であった。三都為替会社の主要資金源は、「身元金」（出資金）一三三万両、発行為替札三二〇万両、政府貸下金（太政官札＝金札）一一二万両であった。有力両替商であった三井組・小野組・島田組が、元会社三社の「身元金」のうち、各社の三分の一以上を出資していた。

なおこの「組」という名称については、「三井組は即ち今日の三井家で、其の頃何かの仕事をする団体の名称に組といふ字を付けることは一種の流行の様な有様であったが、此は英語のコンパニーの訳語で、組合といふのも変であるから単に組と云ったのであった」（渋沢栄一「王子製紙株式会社回顧談」〈『渋沢栄一伝記資料』第一一巻、六ページ〉）といわれる。

両会社の設立は、三都を中心とする旧特権商を結集して、外商・諸藩に対抗させつつ流通機構の統括を図ることを狙ったものであるが、成果は乏しかった。

両会社の実状

まず第一に、出資者集めは自発的なものではなく半強制的であった。東京商社の場合、東京府官吏が有力商人を「御白洲（おしらす）」に集め、苗字帯刀（みょうじたいとう）を許すので、「結社」し総頭取・肝煎（きもいり）重役等を務めるよう「説諭」したところ、「不開化之もの旧習に泥み（なずみ）」いっこうに受けようとしないので、そのような者は、蒸気船の費用は「御（お）

上（かみ）」持ちで蝦夷（えぞち）地送りにすると申し渡したところ、「一同大いに驚怖仕（つかまつ）り止むを得ず結社」に応じたという（「東京商社始末方書類」〈菅野和太郎『日本会社企業発生史の研究』一三七～一三八ページ〉）。このような「結社」では、関係者が消極的・無責任であったことは当然であった。

三井でも、小野でも、島田でも、身元金を出して、此に入って居る人達は、自分の商売とは思って居ない。政府の仕事、之（これ）は国の担当ぢゃと思って居る。自分は役を命ぜられて、此処に来て居るものであると云ふ考を以て、従事して居った位のものです。

（沢田章編『世外侯事歴　維新財政談』一五八ページ）

第二に、通商会社は貿易独占を図るものであり、自由貿易を規定した条約に違反するものであるという列国の抗議を受けたことである。それに対応して一八七〇年三月には、社外商人の貿易取引禁止の規定が削除された。そうなると、貿易に参加するには必ずしも通商会社に加わる必要はないということになる。

第三に、開港場での藩商社を禁止（一八六九年六月）したのであるが、実際には商人名義などによる藩営貿易が続くことになった。

このような状況の下で、一八七〇年七月以降為替札への規制が強化され、全額兌換（だかん）準備が要求されるようになると、経営不振が表面化してきた。翌年七月の通商司廃止以後、横浜為替会社が第二国立銀行に移行したのを例外に、他はいずれも債務を残し解散するに至った。

両会社は株式会社か

それでは両会社はどのような「会社」だったのであろうか。大坂通商会社を例として「大坂商社規則」（一八六九年八月）の規定を見よう（『明治文化全集』第二三巻、四七八〜四八八ページ）。

「社中一統分限に応じ会社中へ金子差し出し」、その「差加金（さしくわえきん）」が会社の「元備金（もとそなえきん）」（資本金）となり、出資者は「預り手形」を受け取る。しかし会社成立後も加入を希望するものは「身元取り調べ」のうえ「追って加入」することを認めているので、つまり資本金は確定しないことになる。「預り手形」は出資額に応じた額が記されるので一定の額面はなく、その譲渡は「取扱の者一同へ申し立て聞き済みの上」はじめて認められることになっていた。

大坂通商会社の出資者を見ると、北海産物商社や蠟（ろう）商社南組、菜種（なたね）商社永久組など「商社」が多く、旧問屋仲間と実態の違わない「商社」の連合体といった性格を持っていたのではないかと考えられる（伊牟田敏充『明治期株式会社分析序論』第六論文）。

会社には任命による「頭取」が置かれたが、日常の業務の統括には「月番」が当たることとされ、「六人づゝ月番相立て、一ケ月づゝ持切り」とされている。「差加金」に対しては、月一%〜一・五%の「利分」つまり利子と、年二度「その余の益金」の配分つまり配当が渡されることとされている。本来は融資に対するものである利子と投資に対する配当との双方が、与えられることになっているのである。

さて出資者の責任が有限責任か無限責任かについては、「益金損金の割合は社中一同出金高に応じ割り掛け申す可し」とあって「規則」ではあいまいである。のち大阪為替会社解社に際して、井上馨大蔵大輔が一八七三年（明治六）三月に発した処分指令は、次のように述べ、無限責任であることを明示している。

凡そ世間何様なるを論ぜず、多人相集まり会を結び社を立つる、到底其の功を奏すること能はずして、竟に其の社を散じ、会を解かざるを得ざるの場合に至る時には、当初差し出せる本資金没入するは勿論のことにて、若し尚不足を訴ふる時は、当初出金の割合に応じて、更に多少の増額を払ひ出さしむるは、是れ宇宙の公法にして、諸会社の慣行する所ろのものなり。（日本銀行調査局『日本金融史資料　明治大正編』第一巻、四八五ページ）

かつて菅野氏は、有限責任は株式会社にとって本質的に重要なことではないとして、両会社を最初の株式会社とされたが、「株式会社の基本的なメカニズムをまったくもたない」(由井前掲論文、一四三ページ)との評価が正しいとすべきであろう。

二つの参考書――『会社弁』と『立会略則』

会社の概略を紹介した『会社弁』と『立会略則』(『明治文化全集』第二三巻、九三〜一二五ページ)という二つの冊子が、一八七一年(明治四)大蔵省から刊行され、各府県に配布された。

『会社弁』の著者福地源一郎は、長崎に医師の子として生まれ、外国奉行の通弁を務めていたが、一八六一年(文久元)と一八六五年(慶応元)の二度、幕府の遣外使節に随行して渡欧し、維新後は大蔵省に出仕、一八七〇年(明治三)には伊藤博文、七一年には岩倉具視に随行して洋行した。本冊子はウエイランドの経済学書などを抄訳してまとめたものである。

『立会略則』の著者渋沢栄一は農民出身で、一橋家に抱えられたことから幕臣となったが、徳川民部大輔昭武の随員として一八六七〜六八年(慶応三〜四)フランスに滞在した。維新後は徳川家に従って静岡藩に至り、一八六九年(明治二)には合本組織の静岡商法会所をつくっている。預金と出資で成り立たせたが、出資について有限責任制であったかどうかは不明である。同年一一月民部省に出仕、七一年五月には大蔵権大丞となった。『立会略則』は、『会社弁』の参考として、西洋での見聞に基づいて執筆したものである。会社について、『会社弁』は、「会社とは総て百般の商工会同結社せし者の通称にて、常例英語『コンペニー』『コルポレーション』の適訳に用ひ来たり」と述べている。「会同結社」を縮めたのが会社だというのである。『立会略則』では「立会結社」の意であるとしている。

会社の必要性について『会社弁』は、「開化」に至る手段として「分業」と「会社」の二つを挙げている。綿布を織るのに昔はすべて人力によっていたが、「人智」の開けるに従って、「蒸気の力を用ゐ精巧の機械を発明」したので簡単に作れ価格も安くなり、民衆は多大の便宜を受けるようになった。「是即ち西洋諸州の分業を専務とする実効なり」として、製造業における機械＝分業の意義を説いている。一方「商売の道」においても「人智」の開けるに伴って、「遂に会社と云ふものを工夫し、開化の国に於いては皆之を取り建て商売の便をなす」ようになったと述べる。つまり、生産における分業（機械）と商業における会社こそが、文明開化をもたらす手段なのだとしているのである。

『立会略則』ではまず商業について「小にして一村一郡、大にして世界万国の有無を通じ生産もまた繁昌し、遂に国家の富盛を助くるに至」ると意義づけたうえで、「商業を為すには偏頗の取計ひなく自身一個の私論を固執せず、心を合はせ力を一つにし相互に融通すべし。……是商社の設けざる可からざる所以なり」と述べている。

このように会社の必要は、何よりもまず商業の分野で必要なものと意識されており、その点で幕末の「商社」論と共通するものがある。またそのこととも関連して、会社のイメージが商人の団結に置かれている点も同様といえよう。

以下『会社弁』では主として銀行について、『立会略則』では通商会社と為替会社について、やや具体的な説明がなされている。しかし責任制については、「商社に収納する利潤は、出金の多寡に応じて之を分配すべし。又天災地異非常の変事により損失ある時も同様たるべし」（『立会略則』）とあるだけで、有限責任について特に意識されてはいない。

この両書は各府県に配布されたが、さらに府県ではこれを会社結成の手引きとするよう呼びかけている。大阪府は一八七二年（明治五）四月二五日、「会社商社設立奨励の件」を発して、次のように述べている。

方今世に行はるる会社商社は、従前の仲間とは全く主意相違の儀にて、右は心の合ひたるもの申し合はせ、衆力を合一して其の職業を盛大にし、内外諸国と有無を交易し、世上の為に諸物を融通せしめ、諸人の便利をなし其の業を手広にして大いに公益を得るの良法たり、会社商社を結ぶの大意は、大蔵省にて刊行なりし会社弁立会略則といふ書籍を熟読して了解すべし。(『明治大正大阪市史』第六巻、二九七〜二九八ページ)

国立銀行——日本最初の株式会社——

国立銀行の叢生

維新政府は、初期に発行したさまざまな政府紙幣を、一八七二年（明治五）四月から発行した新紙幣で統一しつつあったものの、財政難の中で正貨準備は乏しかったので、正貨兌換を行うことが出来なかった。そこで、アメリカのナショナル・バンク制度を模倣して、有力商人層の信用力動員によって兌換銀行券を発行させせようとしたのが、国立銀行条例制定（七二年一一月）の狙いであった。銀行設立を望む出資者が資本金の六割を政府紙幣で準備し、これを大蔵省に預けて代わりに同額の国立銀行券を受け取り、残りの四割は正貨で払い込んで兌換に応じるというのが、その仕組みであった。しかし現実には、銀行券を流通させるとたちまちその兌換を請求される有様であり、結局三井・小野両組の第一（東京）、第二（横浜）、第四（新潟）、第五（大阪）の四行が設立されるにとどまった。

一八七六年（明治九）八月、同年の秩禄処分（ちつろくしょぶん）による金禄公債発行とも関連して、条例は改正され、当時の金融梗塞を打開するため、兌換は棚上げして通貨供給を増加させる政策がとられた。資本金の八割を金禄公債を含む四分利付き以上の公債で準備して大蔵省に預け、同額の銀行券の交付を受けることとし、「兌換」準備は二割を政府紙幣（不換紙幣）で用意すればよいことにしたのである。この改正を機に国立銀行設立は活発になり、七八年三月、華士族に交付された金禄公債の売買・質入れ・書き入れが自由化されるとさらに急増し、七九年末一五三行に達したところで設立許可は打ち切られた。

この国立銀行が、日本最初の株式会社であることは、研究者の間の定説になっているが、以下その点を確認しておこう。ただしその前に、株式会社の特徴について見ておく必要があろう。

株式会社の特徴

株式会社の歴史に関する古典というべき大塚久雄『株式会社発生史論』（一九三八年）は、合名会社・合資会社と対比しての株式会社の「形態的特質」を、「㈠全社員の有限責任制、㈡会社機関の存在、およびこの基本的特質に

加えて、㈢譲渡自由なる等額株式制、㈣確定資本金制と永続性」と規定している。とりわけ㈠に関して、

「全社員の有限責任制」が他面、無限責任的人的支配の消滅、したがって会社機関を客体的条件とするいわば物的支配形態の確立を意味するものであることが注意されていなければならぬ。したがって、「全社員の有限責任制」の確立は、会社機関の完成と相関的に捉えられていなければならないのである。かかる意味において、「全社員の有限責任制」の成立が、株式会社の発生の、その質的変化の決定的指標となるのである。（『大塚久雄著作集』第一巻、二四～二五ページ）

と述べている。私もまた、広く受け入れられているこの見解に従いたい。ただし「永続性」はやや誤解を招きやすい表現であり、「一定期間の持続性」の方がよいと考えられ、またそれは株式会社に限らず会社全般についていえることであろう。

国立銀行条例

それでは国立銀行は、株式会社たるにふさわしいどのような制度的条件を備えていたのかを、国立銀行条例（大蔵省『明治財政史』第一三巻、三一～五七ページ）によって見よう。

まず第一に、「銀行の株主等は縦令（たとえ）其の銀行に何様の損失あるとも其の株高を損失する

外は別に其の分散の賦当は受けざるべし」（第一八条第一二節）と、明確に有限責任であることが規定されている。

第二に会社機関については、五人以上の取締役と頭取を選任すること、彼らが支配人以下の役員を定めることを規定している（第四条第二・三・七節）。

第三に、「国立銀行元金の株高は百円宛を以て一株となし」（第五条第一節）、「此の株高は全く株主の所有物なれば頭取取締役の承認を得銀行の元帳に引き合はせし上にて譲渡をなすこと勝手たるべし」（同第三節）と、譲渡自由な等額株式制が謳われている。

第四に、創立証書に掲載すべき要件の一つとして、「元金の高」つまり資本金額が含まれており（第二条第三節）、また国立銀行の存続期間については二〇年としている（第四条第一節）。

会社知識の普及

国立銀行が全国各地に設立されたことと同条例が広く知られたことは、一般に会社についての知識を広めるきっかけとなった。

もともと大蔵省は、国立銀行の資本金を全国各地に配分する予定を立てていたようである。銀行課長岩崎小二郎は一八七七年（明治一〇）一一月一七日の私立銀行条例制定建議において、「現今〔国立銀行の〕創立出願の者夥多にして九州及奥羽地方を除く外は其資本既に殆んど制限に満ち（高知滋賀長野等は即今出願の者而已(のみ)にて既に其限額を超過す）」（菅野前掲書、三四七ページ）と述べている。

国立銀行条例とその細則である国立銀行成規（『明治財政史』第一三巻、五八〜一〇〇ページ）は、極めて具体的に設立・運営について言及しており、それは国立銀行設立を図るものにとってのみならず、会社を設立する場合の手引きという意義を持った。たとえば株式の募集について国立銀行成規は、

株金を募るの法は、新聞紙或いは張り紙の類にて便宜に任せて世上に公布し、…州…郡…地に於いて何々の方法を以て国立銀行を創立するに付、其の組合に加入せんと欲する人々は、…月…日に…街…屋に来るべし、発起人何の誰々等と記載して、世人に通知せしむべし。

と、極めて具体的にまた分かりやすく述べていたのである。

それは各府県庁に達せられたばかりではなく、書店等でも販売された。一八七二年（明治五）一一月一五日付けで太政官は各府県に「銀行設立勧誘の件」を発し管内に伝達させたが、その末尾で「但し、条例成規は書肆(しょし)に於いて発売差し許し候条、此の段も心得として相達し候事」（『明治大正大阪市史』第六巻、三六六ページ）と特に付け加えている。

ただし、国立銀行条例が会社設立の誘因になったといっても、有限責任制の株式会社についての知識が、これによってどれほど広まったかについては過大評価できない。有限責任を明記した部分は長大な条文の中の一節に過ぎず、熟読しなければ見過ごしてしまう恐れなしとしない。現に比較的近年においても、条例には有限責任についての規定がないと記した研究者もいたほどである。条例そのものが外国法の模倣であったから、大蔵省内部においてさえ、はたして有限責任の株式会社の意義がどこまで理解されていたのかは疑問である。先述の井上大蔵大輔の指令は、まさに国立銀行条例制定に対応して為替会社の処分を指示したものであったが、無限責任が「宇宙の公法」とする文言からは、有限責任制の会社の存在を意識しているとは受け取り難いのである。

銀行に対する法制

それでは国立銀行以外の銀行設立については、政府・地方官はどのように対応したのであろうか。私立銀行設立を願出する者に対しては、「実際確実なるものに限り」紙幣頭（かみ）が認許を与えていたが、国立銀行条例制定後も、私立銀行や銀行類似会社を出願する者が「無慮一百」に上った。そこで、その社則を点検しその業務や規則の当否等を調査し、「成法に抵触せず又公衆の妨碍（ぼうがい）とならざる程度のもの」は、それぞれ「願意聞届」あるいは「府県限り聞届け置くべき」旨を指令することとした。ところが「官許」を得たとして、他の同業者を抑制したり、出資を強要する等のことが生じ、「漫に官許を付与するは却て世人をして妄信を会社に置かしむる」ことになるので、七四年四月以降は、地方官の上申に対して、「追って一般の会社条例制定相成り候迄人民相対に任せ候義と相心得べく候事」と指令した。この頃設立された金融機関は、国立銀行条例第二二条第三節が国立銀行以外が銀行の名称を用いることを禁じていたので、「社」「会社」等と名乗っており、総括的には「銀行類似会社」といわれた。しかし、七六年八月の国立銀行条例改正で、第二二条第三節が削除されたので、無限責任の「三井銀行」が誕生するなど、銀行名を唱えることが可能になった。さらに、後述するように、七八年七月以降地方官の判断によっては「人民相対」として処理されるようになると、府県によって銀行・銀行類似会社設立の扱いは不統一となっていった（『明治財政史』第一二巻、五三二～五三六ページ）。

会社をめぐる法制

それでは一般の会社の場合、その設立は、どのような過程を経て認可されたのであろうか。

会社設立と地方官

一八七一年（明治四）廃藩置県から間もなくの同年一一月、府県の地方官の任務を定めた県治条例が定められた。それに付属する細則である県治事務章程の上款は、第二二条「諸会社を許す事」を含む三一ヵ条を列挙のうえ、末尾に「以上各款令〈県令〉参事これを判決し処分の法案を作り主務の省に稟議し許可の後施行すべし尤も款内成規ある条は此限にあらざる事」（『法令全書』、以下法令は同書による）としている。つまり、特別に法令で定められた会社は別として、一般の会社については、地方官が許可してよいと考えるかあるいは判断に迷う場合は、処分案をつくり主務省に稟議のうえ、許可を得れば施行せよと定めているのである。

会社認可の主務省

主務省が判断に迷う場合は、さらに太政官の指示を仰いでいた。大蔵省は一八七三年（明治六）六月二二日、太政官に対して、浜松・静岡両県からの「石脳油精製」会社設立認可の伺いについて、「一昨冬長野県へ許可致し置き候儀も之有り、管下人民に於いて故障之無く、資本金の目途も相立ち居り、御允許然る可く候」と判断するが、会社規則に不都合な点があるので、修正すべき点を具体的に指示した指令を県に出したいがどうか、という「伺」を出し、それに対し太政官は七月二三日、「伺之通り」と指令している（利谷信義・水林彪「近代日本における会社法の形成」二二三〜二二四ページ）。

これによれば、主務省の認可基準は、地域人民に迷惑を掛けるものでないこと、資本金調達の計画がしっかりしていることの二点にあり、さらに会社規則に不都合な部分があれば修正させる、というものであった。

七五年一一月には、県治条例・県治事務章程に代えて府県職制・府県事務章程が制定され、「銀行及会社に准允を与へ又は之を廃停する事」（府県事務章程上款第六条）は「主務の省に稟議し許可の後施行すべし」とされたが、表現はともかくとして実質的な変更はなかった。

ところで会社を管轄する「主務省」は、一般会社の場合は当初は大蔵省（勧業寮）であったが、七三年一一月に設置された内務省に七四年一月に勧業寮が移管されるに伴って、銀行（および銀行類似会社）以外は内務省の管轄となった。勧業寮から分化した（七六年五月）勧商局が、七八年一二月大蔵省に移管されると、再び大蔵省が主務省になり、さらに八一年四月の農商務省設置によって勧商局が移管されると、主務省は農商務省へと、めまぐるしく変更された。またこの間、七六年六月からは、鉱山・鉄道・灯台・電信の出願の所管は工部省とされた。

なお出願の場合の場所は、七三年一一月には出願人の本籍地に限られたが、必ずしも現実的でなかったのであろう、間もなく一二月には、寄留地で戸長（こちょう）奥印を得て出願してもよいとした。

遅れる商法制定　会社に関する法規の整備の必要は早くから政府部内で認識されていたが、容易には実現しなかった。会社法規制定の動きは再三あったが、いずれも商法典全体の整備が必要だとの方針の前に挫折に終わった。大蔵省内で一八七四

～七五年に「会社条例」草案が、また内務省内で七五～七六年に「会社条例」草案が作成され、後者は太政官に上申されたが、いずれも日の目を見ることはなかった。

八〇年九月太政官のもとに設置された会社並組合条例審査局において、会社法の草案が審査され、八一年四月に会社条例草案が脱稿された。しかしこの頃太政官は商法典全体の編纂に傾き、八一年四月法律顧問レースラーにその草案の起草を委嘱し、商法編纂局がその翻訳と審議に当たった。

「人民相対」

ところでこの間、先述の手続きによる設立認可を悪用する弊害が生じたようである。一八七八年（明治一一）六月四日付け大阪府布達「私設商社に関する件」は、「其の旨趣を誤り官許の社と告示し、志望なき人民を強誘し敢て入社を促し、或は金円を募り候者之れ有る趣」と聞くが、それでは「自治商業の歩を妨げ候儀に付」、今後こういうことがあれば「其の業を差止め」る、また不当な勧誘にあった場合は府庁に届け出るようにと達している（『明治大正大阪市史』第六巻、六〇三～六〇四ページ）。このような動向に対して内務省は七八年三、四月頃から、指令文の文言を「一般会社条例制定候まで人民相対に任せ候」という素っ気ないものに改めた。つまり設立は認めるが、その会社について政府・地方官は一切責任を負わないことを、文言上明らかにしたのである。

この問題に対する東京府の態度は、大阪府とは対照的であった。東京府は同年七月一九日内務省に次のような「伺ひ」を出している。会社設立については従来、「其の都度御省へ相伺ひ候」うえで、「此の社則を以て相対営業苦しからず」と指令してきた。ところがこの三、四月以降は、単に「人民相対に任せ候」という文言になったため、その会社は何か「公然許可」を得られない不都合があったように受け取られ、「同社の信用を失し已に申し合はせたる者も破約に立ち至り候情勢」となっている。せめて「営業苦しからず」という文言にできないものかとしている。これに対し内務省は八月二九日、方針に変更なしと回答している（利谷ほか前掲論文、三七～三八ページ）。

会社設立の自由化

一八七八年（明治一一）七月二五日府県官職制が制定され、会社に関しては、「条例規則」により地方官を経由すべきものは加印して主務省に進達するが、一般会社については、「事重大」なものは稟請するが、「地方の常務」に属するものは便宜処分したうえで報告せよと定めた。その背景には、前年三月の東京府伺いが述べているような事情があった。

同伺いは、「社名の儀は近来一種の流行物にして」、「代言書同志集会雑誌雑報翻閲所、或いは日歩利貸し平貸等、甚だしきは組合なく一己小商業をなす者」などまでが、会社と称して出願してくる。こういうことでは、「将来按摩なり売卜者なり、某社と唱へ社則体のものを編成し来るものは総て上裁を」求めなければならなくなる。「会社之性質大小に依り取捨」したうえ上裁を仰ぐことにしたい、と述べている（利谷ほか前掲論文、四五ページ）。「会社」が流行となって、地方官がその扱いの煩雑さに苦慮しているという状況が生じていたのである。

「事重大」と地方官が判断するもの以外は、地方官限りで処理することが認められ、会社設立は大幅に自由化されることになった。たとえば八〇年三月二三日東京府布達は、「水利堤防道路橋梁」「水陸運輸」「保険」「私立銀行並に銀行類似の会社」といった公共性の強い業種を除き、会社の設立は「方法規則等を具し其郡区役所に届置へし」と、府ではなく郡・区（のちの市に当るもの）への届け出でよいと、大幅な自由化に踏み切ったのである。

有限責任か無限責任か

一方、会社の責任制についての解釈は、七七年時点においても、各省・地方官の間でばらばらであった。同年一一月、神奈川県は内務省に対して、「官許」の会社でも有限責任・無限責任を規則で取り決めていない場合は無限責任と見なすべきか、国立銀行以外の一般会社の場合は有限責任を認めないという扱いをすべきか、との伺いを提出した。

内務省はこの件で一二月に司法省に照会しているが、同省の考えは、「官許の有無を問はず、該社則定款又は申合規則中有無限の明文掲条之無き分は、条例〔会社法〕発行迄は其の責任総て各自所有の株高にとどまり候儀と相心得可き旨指令致す可し」、つまり定款等で責任について規定していない場合、すべて有限責任と判断するという、神奈川県とは正反対のものであった。

これに対する司法省の同月の回答は、一般会社も定款等で有限責任を決めることができる、責任について明文の取決めがない場合の責任については裁判で個々に判断するしかないというものであった。このように責任制についての考えは三者三様に分かれ、その間には大きな幅があったのである（利谷ほか前掲論文、四二〜四四ページ）。

また、そもそも法令の根拠なしに有限責任制の会社をつくることは、ごく短期的にはともかく、現実には不可能なことであったといわねばならない。会社発起人が有限責任を謳って株主を集めることは、とりあえずは可能であろう。その発起人が株金を集めてそれを持ち逃げすれば、当然刑事事件として法的に罰せられることになる。しかし発起人が人気をあおったうえで自分の引受株を高値で他人に売却し、利益を得て会社と無関係な人間になった場合、その責任が問えるであろうか。また会社と取引きする相手が、その会社への債権を取り立てようとする場合、会社側が有限責任をいい立てたとして、その当否は何を基準に判定されることになるのであろうか。

このような不都合な事態は、実際に間もなく続出し、その結果、一時会社が忌避される事態が生じることになった。その意味で、法令の準備のないままに会社設立を自由化したことは、短期的にはともかく、中期的には決して会社奨励政策の意味を持ったとはいえないのである。

会社の流行とその反動

会社の設立の認可が地方官の判断に原則としてゆだねられるようになった頃は、折しも一八七七年（明治一〇）西南戦争に際しての通貨膨張をきっかけとしてインフレ景気が生じており、会社設立は一種の流行となったのである。

『第二統計年鑑』には、初めて会社に関する統計が一八八一年（明治一四）について掲載されているが（表1）、その数（銀行を除く）は一八〇三社で、業種としては「商業」一六六九社、「農業」一三二社が多く、「工業」は七七社と少なかった。また「資本金」規模別

表1　全国会社数の動向

年度	社数	資本金	1社平均	株主数	1社平均
	社	千円	円	人	人
1881	1,803	27,775	15,405		
1882	3,336	50,702	15,198		
1883	1,772	30,447	17,182		
1884	1,298	22,162	17,074		
1885	1,279	50,660	39,609		
1886	1,655	50,487	30,506	108,296	65
1887	2,038	67,855	33,295	124,835	61
1888	2,593	117,670	45,380	145,455	56
1889	4,067	183,615	45,148	224,609	55
1890	4,296	225,477	52,485	244,585	57
1891	4,306	199,588	46,351	229,052	53
1893	4,133	209,865	50,778	166,123	40
1894	2,104	148,353	70,510	155,630	74
1895	2,458	174,047	70,808	161,686	66
1896	4,595	397,565	86,521	376,618	82
1897	6,113	532,522	87,113	500,084	82
1898	7,044	621,576	88,242	684,070	97
1899	7,631	683,820	89,611		
1900	8,598	779,251	90,632		

注　伊牟田敏充『明治期株式会社分析序説』第6論文による.

では、二〇万円以上の大会社は四社に過ぎず、一〇万円台はなし、五万円以上一〇万円未満が一三九社、三万円以上五万円未満が七四社であり、それ以下の小規模のものが大半を占めていた（伊牟田前掲書、第六論文）。

これ等は未だ大工業の企業ではなくって、物価の変動甚だしきに眩惑し、その間に投機的に奇利を射ん〔と〕する商品の製造及び販売に於ける小工業会社その他商業会社に過ぎずして、基礎の確実なるものにあらず。（滝沢直七『稿本日本金融史論』一三八ページ）

大隈財政末期に始まり、八一年一〇月松方正義の大蔵卿就任以後本格化した財政緊縮のもとで、深刻な不況が日本経済を襲ったが、その過程で、生まれたばかりの会社企業の破綻が相次いだ。

会社は八二年の三三三六社（資本金五〇七〇万円）から八四年には一二九八社（二二一六万円）へと半分以下に激減したのである。

会社破綻をめぐるトラブル

破綻の過程で、明確な会社関係法規のないこととも絡んでさまざまなトラブルが発生し、「会社」は一転して世人に疎まれる存在になった。一八八四年（明治一七）の第四回『農商務卿報告』は、次のように指摘している。

会社の事たる、元来民間相互の規約を以て結社するもの比々相続くと雖ども、二三の会社を除くの外、大抵一起一倒存廃常なく、為に一般人民に弊害を与ふる等、数年来現す所の形跡なり。抑々現今の会社なるものは、其の責任の無限と云ひ有限と唱ふるも、畢竟各自々称の名目に過ぎずして、法律上公認せられたるものに非ず。故に一般人民未だ法理に通暁せざるもの、知らず識らず之が機檻に陥り、其の弊害を被ぶるもの僅少ならず。勢ひ善良の会社を創始せんとするも、遂に之を嫌忌するの状態を現せり。（『明治前期産業発達史資料』第四集(3)、一〇五ページ）。

同年に農商務省が編纂した『興業意見』は、「農商工の衰微は法律規則の立たざるに因る事」として次のように述べている。

結社併資の営業の如きは、当初各地の商賈を誘導して其の設立を促し、而して商賈漸く其の利便を知り年を逐ふて増設せんとするに至ると雖も、株主の責任役員の権限等、拠って以て定規とすべき法則なく、終に奸商の奇貨とする所となり、各地の良賈之れが為めに損失を招くこと少からず。一般の人民、会社は行険者の所為の如くに見做すに至れり。（『明治前期財政経済史料集成』第一八巻、九三ページ）

会社法規が欠如しているための弊害について、東京府の事例では、次のように指摘されている。

有限責任会社が解散に際し、社則により株金および会社資産の限度で債権者に弁済したところ問題を生じた。「社則は株主中の契約に止まり、社外に其の効を有せざる」として債権者が納得せず、「終に出訴に及び未だ其の判決未済のもの数件あり。其の判決の模様に依っては将来の影響如何と懸念するものあり」。そういう状況なので、「有限責任会社の積りを以て其の募集に応じたる株主にして、一旦会社の事変に際し、各自の資産を尽して会社の義務を完償せざるを得ざるときは、其の株主に於いては実に有限責任も恃（たの）むべからず」ということになってしまう。

無限責任会社の場合も、「其の社の株式売買授受共株主の自在にして、役員等退社後の責任に関する準則なきときは、社外の債主に於いては会社の無限責任も亦頼むに足らず」（同前、八〇ページ）。

東京府の七三年から八三年に至る会社設立・解散状況は、現存する会社一三二社のうち、出願に係るもの七一社、届け出の分は六一社、この間解社に至った会社一五八社のうち、出願に係るもの五九社、届け出の分は九九社であったという（利谷ほか前掲論文）。すなわち、七八年以前の出願によるものは存続会社数の方が多いのに対して、七八年以後の届け出によるものは解散の方が存続を上回っていたのである。

草創期の会社

次に、草創期の会社が制度的にどのようなものであったかを、チェクパイチャヨン氏の論文「明治初期の会社企業」によって見よう。

分析の対象とされている会社は、一八六九〜八〇年（明治二〜一三）という明治初年に設立されて、文献・史料によって、定款あるいは創立願書・申合規則などそれに類するものが判明する八一社である。条例で制度が画一的に定められている国立銀行は除かれている。史料の偏在のため、東京・山梨が多く合わせて四八社を占めており、反面西日本は少ない。業種としては、金融一九社、商業一六社、運輸一四社、開墾・農業一三社が多く、工業は八社と少ない。

出資者の責任制

史料が揃う七四社のうち、責任について無規定のものが四四社と過半を占めている。規定のある三〇社のうち無限責任を規定しているのが一七社、出資者によって責任の異なるのが二社で、有限責任制を規定しているのは一一社に過ぎない。ただし七八〜八〇年をとってみると、無規定六社、無限五社に対して、有限責任は六社で、時代が下がると有限責任が増加する傾向が見られる。

出資者によって責任の異なるのは丸屋と蓬萊(ほうらい)社の二例である。蓬萊社の場合は資本金の半額ずつを「分益券」と「保安券」で募るとしているが、分益券の配当は企業利益次第であるのに対して、保安券は企業業績に関係なく八％の利息を保証しており、優先株的なものといえよう。解社に際して損金がある場合、「第一　保安券の元金を返し并(ならび)に請合ひの利足を払ふべし。第二　分益券の株高に応じて其の元金の損分を受くべし。第三　有限の資本に付、分益券の株高より余分の損失あるも株主に於いて別に損失を払ふ事なし」。つまり、保安券は元利を失うことなく、分益券は株金額の範囲で損失を負担するというのである。

有限責任の事例としては、次のようなものが一般的である。

盛産社――「第一二条第二節　当社の損益は株主一同の受持ちたるは勿論なりと雖(いえど)も、

万一会社大損失に依り鎖店の時に至ては、発起人並び各株主は其の株金の一倍を以て責任の限りと成すべき事」。

請肩会社――「第二五条　止商は商務の盛衰に拘はらす社中一同評議の上たるべき事。但し止商の時は事務取扱の役員を定め、全会社関係の事件社中決議の上取計上、諸入費は株主を以て払ふべし、不足の時たりとも株主より出金することなし、残金は株主へ分配すべし」。

ただし有限責任ではあってもその額が出資額ではない事例もあった。政府自身が次のような「株式取引所条例」（七八年五月）を制定していたのである。「第五条　……有限責任とは負債償却の義務に於いて該取引所の株券限り、或いは其の株券の二倍等限りあるを云ひ、無限責任とは株主一同連帯して各自の資力を竭すに至るを云ふ」。

会社機関　①株主総会――不明七社を除く七四社のうち総会規定のあるのは六三社であるが、うち二五社は、重要事項が生じた時に不定期に開催するものとしていた。定時総会を定めているのは三八社で、年一回（一二社）、二回（二三社）あるいは三回以上（三社）の開催を定めていた。

②総会での議決権――規定のあるものと無規定のものがそれぞれ三二社で相半ばしてい

る。規定のあるもののうち一株一票が一五社であるが、興味深いのはそのうち七二〜七六年が一四社で七七〜八〇年は一社に過ぎないことである。国立銀行条例は一株一票制を定めており、その後一時はそれを引き写したケースが多かったものの、在来の慣行と大きく異なる制度はそのままには普及しなかったと見られるのである。そのように考えると、次のような一人一票制が七社を数えるのはなんら異とするに当たらないといえよう。

中牛馬会社（ちゅうぎゅうば）――「第一六則　総て社中衆議を決するは社中三分の一以上の同論に従ひて決定す、若（も）し論議五分にして決し難きときは長副之を裁決すべし」。

むしろ次のような満場一致型が一社しかないことの方が、時期を考えると驚きというべきかもしれない。

居久義社――「一、差配人等より社中に布告するか、又は会議ある時、若し意に適さざる者あらば速やかに反復討論し、いづれも会得（えとく）する迄幾度もおしかへし、事公正に帰するを努む、若し其の時異議なくして後日兎（と）や角（かく）と差配人等を非議すべからず」。

以上のいずれでもないのは、次の例のように大株主の権利を抑制するものである。

内外用達会社――「第一六条　株主たるものは十株に至る迄は一株毎に一論、十株以上百株に至る迄は五株毎に一論、百株以上十株毎に一論議すべし」。

一人一票と一株一票との中間ともいえるこのような不比例型が六例を数えるのも不思議ではないであろう。英米でも初期には大株主制限型が多く、それは一部大株主による専制を排除し中小株主の発言権を保証することで、出資者を引きつける意味を持ったといわれる（伊牟田敏充『明治期株式会社分析序説』第五論文）。一方、一株一票制という当時としては革命的ともいえる制度が導入されている場合でも、次のように、事柄によっては一人一票制を認めていることは、従来の慣行を配慮したものといえそうである。

陸羽街道馬車会社――「第一〇条　会議の節其の論説異同の数を定むるは、株主の人員に管せず、其の株金の員数を以てすべし。故に百円の一株を所持する者より、千円を出して十株を所持する者、九株の権利之ある事」。「但し金銀損益に関係する外は、株金の多金を以て論説を定むべからず。各個説を等分して可否を定むべき事」。

一応一株一票制をとるものの、それは「金銀損益」に関する事柄の場合だけであり、それ以外の件については一人一票制を適用するというのである。

重役制　③重役制――ほとんどの会社が、経営のトップを社長または頭取と規定しており、その権限として経営の総括権、支配人などの役員の任免権を認めている。それに対してそれ以外の取締役については、名称自体が「肝煎（きもいり）」「評議役」「世話役」「取扱」などさまざまであるうえに、その権限・役割については千差万別というしかない。多様だが総じて社長・頭取の権限は大であるといえよう。

　重役決定の方法としては、出資者が複数の取締役を選び、その中から互選で社長または頭取を選ぶ場合、出資者が社長または頭取と同時にその他の取締役を選任する場合、出資者が社長のみを選任し、他の重役は社長が選任する場合の三つがあった。なお重役の資格は出資者であることが一般に求められており、さらに最低出資額や一定の保証金を要するとしている場合もある。

株式の額面と譲渡

　株式を発行していることが確認できる六〇社のすべてが等額額面を規定している。額面は一五〇〇円から二〇円以下まで大きな幅があるが、次第に一〇〇円に収斂（しゅうれん）する傾向があり、七七～八〇年に限れば、二〇〇円一社、一〇〇円一六社、五〇円三社、二五円一社、二〇円以下一一社である。もっとも当時の一〇〇円は、重役の年収とおおむね同水準の多額な金額であり、そのためか「半株」を定めた会社もある。

　株式の譲渡について規定のあるのは四三社で、このうち譲渡をまったく許さないのは一社である。会社や社長の承認を条件とするものが三六社と多く、自由譲渡を認めているのは六社に止まる。

資本金と継続期間

七五社のうち三三社が資本金を規定しておらず、規定しているのは四二社である。規定している会社は、七七〜八〇年に限れば、無規定八社に対し二七社と多数を占める。これには国立銀行条例の影響のほかに、地方庁の指導があったようである。たとえば硫酸製造会社の場合（一八七九年設立）、大阪府は同社「創立証書」に対して「資本金引請書記入せしむるべし」としている。もっとも資本金は明示していても、株式の払い戻しを受けて脱社することを認めていれば、結果的に資本金は確定しないことになる。「脱社」について規定しているのは三二社あるが、これを許さないのは一二社で、二〇社が条件付きで認めていた。たとえば次のような例がある。

中牛馬会社――「第一〇則　資本金は自儘に取り戻すことを許さず。本人余儀無き事故有りて退社するときは、社中合意の上社長へ申し立て、之を返却すべき事」。

最後に、一定期間の継続性については、会社の存続期間を明示しているのは二八社にとどまる。その期間は二〇年という長いものもあるが、通例三〜五年と短かった。ただし満期のうえで継続を認めているものも多い。

以上この時期の会社の制度的特徴を見てきたが、規定を欠いたものが多く、あってもその内容はまさにさまざまであった。チェクパイチャヨン氏が、まとめとして、「当時の会社企業は、企業毎に種々の特色、偏差を示し、統一的イメージで捉えることが困難である」（八六ページ）と結論しているように、制度面においても、いかにも会社草創期らしい星雲状態にあったといわねばならない。

進まぬ法整備と規制の強化

レースラー草案の挫折

太政官は商法典編纂に傾き、一八八一年（明治一四）に起草をレースラーに委嘱し、商法編纂局に翻訳と審議に当たらせていた。ところが松方デフレ深刻化に伴って、会社をめぐるトラブルが頻発したことから太政官は態度を変えた。八四年五月元老院に会社条例編纂会議が置かれ、レースラー草案の会社法の部分の審議に当たった。

編纂会議はようやく八六年春に「商社法」案をまとめ、元老院（立法諮問機関）は七月これを一部修正の上で可決・上奏した。しかしこのころ条約改正交渉が進展していたことから、またもや商法典編纂を急ぐ方針に転じ、同年八月外務省に法律取調委員会が設けられ、商社法は未公布に終わった（福島正夫『日本資本主義の発達と私法』第一部第二章第二節・第二部第四章第二節）。

『興業意見』は会社法の早期制定の必要を述べ、その要件として、「一、会社組織の種類及び社員の責任を定むる事、一、社員の権利義務を明らかにする事、一、会社の権利義務を明らかにする事、一、会社解散の手続を定むる事、一、政府免許及び監督の方法を定むる事」（『明治前期財政経済史料集成』第二〇巻、六七九〜六八〇ページ）の五点を挙げていた。商社法の審議がなかなか進まないなか、八五年初め農商務省は「会社取扱内則」案を作成し太政官に上申しているが、受け入れられなかった。

このように法整備が進まぬなかで、政府・地方官は会社をめぐる弊害を防ぐため、行政指導によって規制を強化していった。

銀行設立規制の強化

一八七八年（明治一一）以降、私立銀行・銀行類似会社設立出願に対する処理が府県によってまちまちになっている弊害を正すため、大蔵省は八二年五月六日付けで省令第一〇号を各府県に達した。

私立銀行並びに銀行類似会社の儀、地方庁限り承認候向きも之有り候処、管理上の都合之有り候条、自今創立出願の節は其の定款規則書等相添へ、一応当省へ稟議の上承認いたし候儀と心得べし、此の旨相達し候事。
但し定款規則等改正の節も本文に準じ更に稟議いたすべく候事。（『明治財政史』第一二巻、五三六ページ）

新設の場合はもちろん、既設会社の定款等の変更に関しても大蔵省に稟議させることにしたのである。

大蔵省はさらに八四年、銀行設立の基準として、特別の事情のある場合を除き無限責任、資本金一万円以上、資本金払込みは一年以内、貯蓄業務は認めない、「株券其の他物品の売買等」銀行本務外の業務を認めない、という「内規」を定めた。

普通銀行に関する法令の制定は、会社法と同様遅延し、銀行条例が公布されたのが九〇年八月、その施行は会社法同様九三年七月のことであった。

有限責任の制限　一八八四年の『興業意見』は、「過般司法省に照会するに会社責任の儀を以てせしに、会社責任の定めは社外に対し効なきものとの回答を得たり。然るときは有限責任会社の株主と雖も、一旦事変あれば其の資産を尽くして会社の義務を完(まっと)ふせざるべからず」（『明治前期財政経済史料集成』第二〇巻、六八〇ページ）と述べている。司法省は、一般会社の有限責任について極めて厳しい態度を取るようになったのである。

八六年（明治一九）三月一〇日付けで、福島県から司法省に、負債弁済の責任は、社則での有限責任・無限責任の如何を債権者が前もって知っていたかどうかにかかわらず、「各株主私用の財産にまで推及せるものに候哉」との「伺ひ」を提出した。これに対して司法省は、大審院（現在の最高裁判所に当たるもの）の判断により、一八日付けで、次のように指令したということを訓示している。

　伺ひの趣、無限の定めある時は勿論、有限の定めある時と雖も、債主の之を知りたる証跡あるか、若しくは之を知りたりと見做すべき事由ある時の外、総て株主の資産に迄其の責任を及ぼすべきものとす。

さらに同年三月三一日付けで、農商務次官から司法大臣に宛てて、「人民相対の契約」で成立した会社の責任については、すでに八四年に問い合わせ回答を得ていて承知しているが、地方庁に対して規則を添えて出願し、地方庁が「認可許可若しくは聞届け又は聞き置く等の指令を与へ」、その会社成立を「公認」した場合、その社則中の有限責任・無限責任の規定は、社外に対して有効かどうか、と照会した。これに対して司法大臣は、四月一三日付けで農商務次官に下記のように回答し、この旨を大審院に通牒した。

> 地方限り其の成立を公認したる会社責任の儀に付、商第二九号を以て御問合せの趣承了致し候。右は縦令ひ地方庁に於いて其の責任の有限なる事を公認せしも、社外の者に対するときは、之を知得したるの証憑あるか、若しくは知徳したりと看做すべきの事由あるにあらざれば、猶ほ株主の資産に其の責任を及ぼすの取扱に相成り居り候。此の段御回答に及び候也。（以上、司法省『類聚法規』第九編四、一〇八〜一一〇ページ）

つまり、定款で有限責任を定めていても、周知されているという証拠がなければ第三者に対しては効果がなく、地方庁の「公認」もその証拠にはならないという厳しいものであった。

翌年四月一四日、モリソン商会の鉱業会社への貸金をめぐる訴訟に対しての大審院の判決は、まさにその線に沿ったものであり、「府知事の認可を経たる而已にて有限責任たることを世間へ公告せざる以上、他人へ対して有限責任の会社なりと云ふことを得ざるは原判決の通り」としたのである（利谷ほか前掲論文、七一ページ）。

有限責任についてのこのような法的取扱いは、会社と取り引きする第三者を保護するものではあったが、有限責任の株式会社を設立するうえでは大きな障碍であった。地方庁の判断にゆだねられている業種の会社の場合、たとえ定款で有限責任を謳っても、第三者に対して有効ではないということになると、有限責任の株式会社だといって株主を募集しても一般投資家は不安を払拭できないことになる。

このような状況の下で、府県の会社設立に関する規制も強化の方向に向かった。極端な放任主義を取っていた東京府の場合も、府庁に出願すべき業種を「漁業採藻」「貸倉荷預り」（以上八二年）、「伊豆七島に係る会社」（八三年）、「鉱山燈台電信」（八六年）へと拡大し、八七年三月には資本金一〇万円以上の会社はすべて出願を要することとしたのである（利谷ほか前掲論文）。

のちに「会社の勃興」の章で述べる第一次企業勃興は、このように厳しい法的状況の下で進展したのであった。

会社の先駆

先駆的大会社

明治政府はその発足間もなくから、前章で見たように、対外対抗の手段の一つとして会社の設立を奨励するようになった。しかしその方策は、会社法制の推移にも見られるように、必ずしも一貫性を持ったものではなかった。とりわけ、一八七七年（明治一〇）の西南戦争を機とするインフレ期に、会社設立自由化の政策がとられたことは、泡沫的な会社を乱立させ、その後の松方デフレ期に会社の破綻とそれに伴うトラブルを続発させる結果となり、結局一時は会社を忌避する風潮を導き出してしまった。このような状況が変化して、自発的な会社設立の動きが活発になるのは、一八八〇年代後半のことであった。

しかしこのような状況のなかにあっても、経営的に成功して拡大を遂げ、八〇年代後半の第一次企業勃興の先駆となった会社も存在した。

表2は、一八八九年（明治二二）現在払込資本金五〇万円以上の大会社を示したものである。このうち日本電気工業は、この統計表だけに記載があり、前後の年次の統計表には記載されていない。これら大会社のうち、第一次企業勃興の始まる前に設立され、この時点で大会社として存在している会社は一一社を数える。これらは企業勃興期以前に設立されて成功を収め、それぞれの部門で会社企業の先導者・先駆者になった企業であるといえよう。

ただしこのうち、長野県諏訪の製糸結社開明社の資本金は明らかに過大であって誤記と見られる。また藤田組は、藤田伝三郎・藤田鹿太郎・久原庄三郎の三兄弟の出資によっており、実質的には合名会社と見るべきもので、事実、会社法施行に対応して合名会社になっている（同和鉱業株式会社『七十年の回顧』）。

また海運では最大の会社として日本郵船会社があるが、同社は郵便汽船三菱会社と共同運輸会社の合併によって八五年に設立されており、前身の一つである三菱会社は個人企業であり、七七年に岩崎弥太郎が発表した「立社の体裁」は次のように述べていた。

第一条　当商会は姑（しばら）く会社の名を命じ会社の体を成すと雖も、其の実全く一家の事業

表2 1889年末現在の大会社(払込資本金50万円以上)

会社名	(設立年)	府県	部門	営業種別	(公称資本金)	払込資本金
					千円	千円
日本鉄道	(1881)	東京	商業	運輸	(20,000)	13,727
日本郵船	(1885)	〃	〃	〃	(11,000)	11,000
山陽鉄道	(1888)	兵庫	〃	汽車	(13,000)	3,000
大阪商船	(1884)	大阪	〃	回漕	(1,350)	1,350
大阪鉄道	(1888)	〃	〃	運輸	(1,800)	1,275
大阪紡績	(1882)	〃	工業	紡績	(1,200)	1,200
内国通運	(1875)	東京	商業	運輸	(2,200)	1,080
北海道炭礦鉄道	(1889)	北海道	〃	〃	(6,500)	a)1,039
鐘淵紡績	(1887)	東京	工業	綿糸	(1,000)	900
甲武鉄道	(1888)	〃	商業	運輸	(900)	765
北海道製麻	(1887)	北海道	工業	製麻	(800)	654
東京海上保険	(1878)	東京	商業	海上保険	(1,000)	600
開明社	(1878)	長野	工業	生糸	(520)	520
日本電気工業		東京	〃	工事	(500)	500
日本土木	(1887)	〃	〃	土木工事	(2,000)	500
製紙会社	(1873)	〃	〃	西洋紙	(500)	500
両潤社	(1888)	〃	〃	礦山	(500)	500
馬車鉄道	(1882)	〃	商業	運輸	(500)	500
内外用達	(1887)	〃	〃	陸海軍御用	(500)	500
藤田組	(1881)	大阪	〃	鉱山	(500)	500
太湖汽船	(1882)	滋賀	〃	航回業	(500)	500

注 農商務省『第六次農商務統計表』. a)は『日本帝国第十統計年鑑』による. 設立年は他の資料による. 銀行は原則として含まれていない.

にして他の資金を募集し結社する者と大いに異なり、故に会社に関する一切之事及び褒貶黜陟(ほうへんちゅっちょく)等都(すべ)て社長の特裁を仰ぐべし。(『三菱銀行史』六〜七ページ)

一方の共同運輸は、資本金六〇〇万円のうち二六〇万円を政府が出資した半官半民の会社であった。

官設鉄道の大津・長浜間を連絡した太湖(たいこ)汽船も、資本金六〇万円のうち二四万円を政府出資による予定で設立された半官半民の会社であった(『新修　大津市史』五)。

以上の四会社を除く、製紙会社・内国通運・東京海上保険・大阪紡績・東京馬車鉄道・日本鉄道・大阪商船の民間七社を取り上げることとし、これらの先駆的会社企業の設立事情を、政府との関係と資本金募集のあり方を中心に検討していくことにしたい。

初期の大会社

七社のうち、製紙会社（のちの王子製紙）と内国通運会社（のちの日本通運）とは一八七〇年代半ば以前、明治一桁という早い時期に発足している。まず、初期の大会社として、この両社を取り上げることにしよう。

(1) 製紙会社

一八七二年（明治五）六月大蔵省の渋沢栄一は、井上馨（かおる）・上野景範（かげのり）と連名で、製紙事業を官営または政府保護下の民営で起こすことを正院（政府の最高決定機関）に建議した。紙幣・公債・切手・印紙など、政府が必要とする洋紙は多いのに、いまだ国産品でその需要を満たせないというのがその理由であった。

この渋沢が呼びかけて、為替方（かわせがた）の三井・小野・島田三組が応じたのが、抄紙（しょうし）会社であった。渋沢が後に「資金は公募では無かったが、同志者の合本組織で行ったものである」（「王子製紙株式会社回顧談」〈『渋沢栄一伝記資料』第一一巻、一〇ページ〉）と述べているように、「創立申合略則」によれば、引受株数は、三井組関係者五人・四五株、小野組関係者二人・二五株、島田組関係者一人・一〇株、渋沢の代理人一〇株、その他二人・一〇株で合計一〇〇株、一般募集は予定していなかった。払込みは開業までに分割で一〇万円（一株一〇〇〇円）、開業後に五万円を予定していた。

御用商人の合作

かなりリスクの大きい新産業に関して、当時としては多額の株金が三組関係者で引き受けられた理由としては、為替方という政府御用を務める三家の、政府の企画への「お付き合い」という要素もあったであろうが、一時島田組が単独で横浜の亜米一（アメいち）商館と製紙機械購入の契約を結ぶ動きもあったことを見ると、むしろ、政府の洋紙需要を独占できる期待の方が大きかったのではないかと考えられる。

三井組の三野村利助と小野組の古河市兵衛との連名で七二年一一月大蔵省紙幣寮に提出された設立願書「恐乍（おそれながら）書付を以て願ひ奉り候」は、「製紙出来（しゅったい）の上は、諸官省御用紙類は総て私共社中え御用仰せ付けられ候様、只今より御免許成し下され度」と述べており、また「副願書」では、機械購入・外国人雇入れのほか、原動力は蒸気と水力の何れがよいかについても、「何卒便宜御指揮願ひ上げ奉り候」と述べ、政府に依存する姿勢が強い（『王子製紙社史』第一巻、二三～二八ページ）。政府の保護に期待して、三組が共同出資したのであった。設立は、太政官の裁可を経て七三年（明治六）二月に允許された。

設備資金が予定を上回ったため、七四年一〇月二三日までの資本金「集金」は、一五万二二五〇円に上った（同社「考課状」）。実はこの頃の三組は、政策急変に見舞われていた。為替方三組の預かっている無利子官公預金に対して、従来は預金額の三分の一に当たる抵当を差し出すことになっていたのが、一〇月二二日の抵当増額令で突如全額分の抵当を要求され、これに対処できずに一一月に小野組、一二月に島田組が破産したが、三井組はオリエンタル銀行からの約一〇〇万円借入でかろうじてこれに対応したのであった（石井寛治「銀行創設前後の三井組」〈『三井文庫論叢』第一七号〉）。

危機を切り抜けて

先の払込みは、きわどく間に合ったといえるが、なおも資金不足で、渋沢が頭取を務める第一国立銀行から多額を借り入れている状態であったので、一二月に二万八三五〇円、七五年九月に三万円、さらに開業（七五年一二月）

後の七六年七月に五万一〇〇〇円を徴収し、払込資本金は二六万一六〇〇円となった。この追加払込みは三井組関係者と渋沢によってなされたが、小野組処分の結果、株を所有していた大蔵省国債局も一万五〇〇〇円を払い込んでいる（四宮俊之「抄紙会社創業期の資金調達」〈『明治大学大学院紀要』第一〇集〉）。

一方、官需独占への期待は、早くも操業以前の七五年四月に、紙幣寮に抄紙局が設けられて紙幣などの製造を行うことになり、あっさりと裏切られてしまったうえに、逆にその印刷用紙売り出しという競争を受けることになってしまった。しかも、あろうことか王子工場の隣接地に抄紙部の工場が建設されたばかりか、抄紙局抄紙部と紛らわしいとして社名の変更を命じられ、七六年に製紙会社と改称している。

ただし民間各社には、当時進行中であった地租改正に関連して、七六年から大量の地券用紙が発注されたので、これによって創業期の損失を補塡し、七七年下期にはわずかながら配当を行った（表3）。

八〇年には定款を定め、そこで規定された会長に渋沢栄一が就任して経営の建て直しを図り、二五万円に減資し積立金増加の方針を定め、原料を破布から藁に切り替え、新聞紙や書籍用紙等の民需市場を開拓していった。その結果、八二年上期からは一〇％以上の配

表3　先駆的会社の配当率

（単位：%）

年　期	製紙会社	東京海上保険	大阪紡績会社	日本鉄道会社	東京馬車鉄道	大阪商船会社
1877 下	6.0					
78 上	25.1					
下	2.8					
79 上	5.3					
下	3.6	6.0				
80 上	0.0	9.0				
下	0.0	11.0				
81 上	0.0	11.0				
下	3.7	12.0				
82 上	15.0	11.0				
下	18.0	10.0			5.2	
83 上	11.4	10.0				
下	10.6	10.0	6.0	10.0	16.0	
84 上	11.0	10.0	18.0	10.0		
下	13.0	9.5	18.0	10.0	14.5	6.0
85 上	12.0	9.0	10.0	9.0		6.0
下	12.0	9.0	12.0	8.5	8.8	5.6
86 上	12.0	9.0	8.5	8.0		5.2
下	12.0	10.0	16.0	9.0	0.0	4.8
87 上	13.0	11.0	26.0	9.5		10.0
下	13.0	11.0	34.0	10.0	22.5	5.0
88 上	12.0	10.0	36.0	12.0		
下	12.0	11.0	30.0	12.0	20.5	0.0
89 上	10.0	11.0	27.0	11.0		
下	12.0	11.0	20.0	11.0	17.4	0.0

注　製紙会社は同社「考課状」，東京馬車鉄道は東京都公文書館『東京馬車鉄道』（平均払込資本金より算出），他は各社社史による．
下欄のみは一年決算．

当を継続するようになり、八七年三月に至って、木材を原料とする新工場建設のため、倍額増資を決定している。

同社はこのように政策変更に翻弄されながらも、三井の資金調達力と第一国立銀行の融資とで、創業期の資金的困難を何とか切り抜けて、大会社に成長していったのである。

(2)　内国通運会社

内国通運会社は、陸運元会社が一八七六年（明治九）に改称したものであるが、陸運元会社は、江戸定飛脚（じょうびきゃく）問屋仲間が組織した会社である。官営郵便の発足を前に、七〇年（明治三）末、東京の和泉屋・島屋・江戸屋・京屋・山田屋の五飛脚問屋は、「家業合併」によってこれに対抗することを申し合わせ、七一年郵便事業が開始されると激しくこれと競争した。この競争は官営郵便事業にとっても脅威であったが、前島密（まえじまひそか）駅逓頭（えきていかみ）の説諭をきっかけとして、定飛脚仲間五人は七二年四月陸運元会社の設立を出願、太政官の裁可を経て駅逓寮から允准され、同年六月設立された。

資本金は五〇〇〇円株一〇〇株で五万円、当初の株主は江戸飛脚仲間に限定されていたようである。ただし、「従来取引の仲間は勿論、是迄運輸を以て産業と致し候ものは、……

能く其の当人の身分を糺し且つ金五百円以上の株金を差し出させ、猶社中一同衆議の上入社致させ申す可き事」（「陸運元会社規則」第一五則〈日本通運株式会社『社史』一三一〜一三二ページ〉）と定めていたから、資本金は加入者の増加に伴って増加することになった。事実、各駅に旧伝馬所に代えてつくられていた陸運会社に加入を勧誘し、また大坂定飛脚仲間八人が組織した大坂陸運会社、北陸道陸運元会社を合併している。

陸運元会社は、金子入り書状の逓送配達など、郵便業務の一部の請負を認められ、七三年六月には、九月（実際には七五年五月）限りで「私に物貨運送の業を営み候儀一切禁止」するので、廃業か陸運元会社への加入かを選択せよ、との太政官布告第二三〇号が発せられたので、各地陸運会社の加入が促進された。七四年については二一％強の配当がなされ、七五年四月現在の株主数は一二七人、資本金は六万七三〇〇円となった。この時点での二〇〇〇円以上の大株主は、吉村甚兵衛（和泉屋）一万四六〇〇円、村井弥兵衛（京屋）六〇〇〇円、武田喜右衛門（島屋名代か）五四〇〇円、嶋谷佐右衛門（島屋）二四〇〇円、佐々木荘助（和泉屋名代）二〇〇〇円、大森総右衛門（大阪の尾張屋）二〇〇〇円であった。

江戸飛脚仲間の再編成

このように陸運元会社は、三都の定飛脚仲間を頂点とする旧来の陸運機構を、政府の強力な保護の下で会社化したといってよいもので、資本金もいわば業者の加入金といった性格を持ち、一般からの出資を受け入れたものではなかった。ただしその業務内容は、必ずしも旧来の慣行をそのまま受け継いだのではなく、駅ごとの継ぎ換えを廃し、定式運輸の運賃は一元的に元会社に引き上げ、現場の輸送担当者には取次手数料を与えるなど、それなりの合理化がなされている。

現業を含めた道路運輸の全国的な総括者となった陸運元会社は、七五年二月内国通運会社と改称、七六年には定款（資本金一五万円、一株一〇〇円）および各種の規則を整備し、運輸網を構成する分社・取次所・継立所・護送人の業務内容と権限を定めた。また七四年からは、東京・小田原間を初めとして長距離馬車輸送を開始し、七七年からは通運丸で利根川汽船輸送に進出した。

七九年（明治一二）五月太政官布告第一六号は、先の第二三〇号を廃棄して内国通運の独占を否定し、陸運業務の認可権を地方庁にゆだねた（のち九一年には郵便事業の一部の下請け特権も解消された）。以後は、水運のみならず陸運でも、次々に現われる同業者との激しい競争を展開していくのである。しかしそのなかにあって同社は、八五年までの平均配当率一五％強という実績を上げ、八六年には公募で五倍増資を計画し、八七年五月には一〇〇万円への増資を実現、八八年一〇月に同社株は東京株式取引所に上場されるに至ったのである。

強力な保護からの出発

以上、初期に設立された両社は、政府の強力な保護を前提に、あるいは当てにして、為替方や飛脚仲間という同業者が結集して組織したものであり、一般から資本を募集することは、少なくとも初期においてはなかった。ただし政府の政策には変更があったから、保護に安住し得たわけではなく、大会社への成長にはそれぞれに多大の企業努力が要求されたのであった。

製紙会社の場合は、小野・島田両組破綻による資金難を第一国立銀行の融資と三井の資金力で補ったが、経営を軌道に乗せたのは技術の向上による民需市場の開拓であった。内国通運の場合は、特権の削減のなかで好成績を収め得たのは、陸運制度の合理化と長距離馬車輸送・河川汽船輸送への進出であった。

西洋からきた新産業

次に取り上げる保険と機械制紡績業は、開港以前には国内に存在しなかった産業であり、その意味で西洋から移植された新産業部門であった。のちに運輸部門として取り上げる馬車鉄道や鉄道も、移植された新産業部門ではあるが、これらは産業の性格上、居留地外への外国人の投資を認めていなかった当時においては、外国資本との競争にさらされることのない部門であった。これに対して、損害保険業務は、後述のように居留地外商を代理店として外国資本によって営まれており、またイギリスやインドの機械制工場でつくられた綿糸は、低い関税を負担するだけで国内に流入していた。したがってこれらの部門への投資を決断する前提には、新産業であること、外国との競争という二つの不安の壁が立ちはだかっていたのである。

新知識の導入

(1)　東京海上保険会社

保険業も西洋からの新知識としてもたらされた。福沢諭吉は『西洋事情』初編巻之一の「収税法」の項において、印紙税を「証印税」として紹介しているが、その課税対象となる書面のうちに「火災請負ひ、海上請負ひ」を挙げている。インシュアランスの訳語として「保険」が当てられたのは、一八六九年（明治二）の『新塾雑誌』においてであったという。海上保険については、沿岸・近海海運を営む三菱会社が一八七六年以降その創業を出願していたが、海運との兼業は好ましくないとして却下されていた。なおその折り大隈重信大蔵卿は、鉄道組合にやらせてみてはともらしたという。

ロンドン留学帰りの蜂須賀茂韶（はちすかもちあき）を中心とするいわば開明的な華族グループは、一八七三年（明治六）から鉄道会社設立を計画していたが、七五年六月東京・横浜間鉄道の払下げを出願、一〇月、三〇〇万円・七年賦（年二回、完納まで六分の利子交付）という条件で許可された。華族二七家は「鉄道組合」をつくり、秩禄収入を基礎に第三回まで大蔵省に納入した。しかし七六年八月の金禄公債証書発行条例によって、金禄公債を交付する代わりに秩禄支給は打ち切られることになり、以後の納入の目途が立たなくなった。一方、華族に交付される金禄公債（主として五分利付き）は、その大部分を挙げて第十五国立銀行に投じられることになった。

第十五国立銀行は岩倉具視（ともみ）の主唱で設立され、当初は株主を華族に限り、その資本金一七八二万余円は全国立銀行の四七％と半分近くを占める巨大な「華族銀行」であった。同行には金禄公債の利子が入るばかりでなく、大蔵省が発行銀行券のうち一五〇〇万円を、五分利付きで借り上げることを約していたので、安定した配当が約束されていた。

そのような背景の下で、「鉄道組合」の既納金約四二万円を、分散させず国家有用の事業に投じることが合意された。その使途については、海上保険・株式取引所・北上川開墾・野蒜（のびる）築港の三案があったが、「鉄道組合」と政府との仲介役を務めていた渋沢栄一は、組合の会議の席上、「独り保険は資本優勝の力ある者にあらざるよりは、之を創建して而して又之を維持する能はず」（「第四〇回定式会議」〈『東京海上火災保険株式会社百年史』三八ページ〉）として海上保険創業を説いた。渋沢はかねて、地租金納化に伴って、換金のため産地から都市への米の海上輸送が増加するのに対応して、海上保険制度を整備する必要を主張し、大隈大蔵卿もそれに賛成していたという。

海上保険業設立の舞台裏

保険の日本への紹介者であった福沢も、生命保険はともかくとして、海上保険は「どうも余り進み過ぎて居る」(「雨夜譚会談話筆記」〈『渋沢栄一伝記資料』第七巻、五七四ページ〉)といい、華族の家令達も、「保険とは何事ぞ、危険と云ふことは極く悪いことだ。保険なんどと云ふことは兎角に困ったことである」(渋沢栄一「我国保険事業の濫觴」〈同前書、五七六ページ〉)と難色を示した。

これに対して渋沢は、かつて駅逓寮で海上保険の調査研究に当たった益田克徳(かつのり)(三井物産の益田孝の弟)に、資本金の九〇%は公債に運用し、海上にある貨物保険額は資本金の二〇%に止め、それを超過する分は居留地の外国保険会社に再保険とするという慎重な計画をつくらせ、全体の賛成を取り付けた。

渋沢は後年、次のように回顧している。

海上保険会社を起こした原因は、華族の鉄道買収の為め積み立てた資金があったからで、これがなかったら或いは適当に資本が集まらなかったかも知れない。実際殆ど強制的に、公な道理正しい仕事をすると云ふ理由で、義理づくで、此の新らしい海上保険事業を営むことにした。(「雨夜譚会談話筆記」五七四ページ)

華族二五人は、かねてから海上保険業を希望していた岩崎弥太郎を誘い、七八年九月創立を出願、内務省の指示により東京府から一二月認可を得た。東京海上保険会社（のちの東京海上火災保険）は、七九年八月、頭取蜂須賀茂韶、支配人益田克徳、渋沢・岩崎が相談役として重役会出席を認められる、という態勢で開業した。社印には社名の上に大きく「有限」の文字を付し、有限責任であることの周知に務めている。同年末の株主は二一一人で六〇〇〇株（一株一〇〇円）、華族の持ち株は五一％、三菱関係者は一八％、三井関係者など有力実業家多数が少額ながら出資し、また各港の海運関係者が多数加わっていた（『東京海上火災保険株式会社百年史』）。

取り立てて政府の保護がないのに、多くの出資者が得られたのには、華族の共同出資が呼び水になるとともに、その慎重な営業方針が安心感を与え、さらに、保険の依頼人になりそうな人を、公告によらずまた金額よりも人数を集めるという方針をとったことが功を奏したといえよう。

(2)　大阪紡績会社

開港後イギリスから機械制工場でつくられた綿製品が盛んに輸入され、在来の綿織物業を圧迫しつつあったが、一八七〇年代半ばからは綿織物に代わって綿糸の輸入が中心となった。従来から主として農家の家内副業として営まれていた綿織物業が、輸入綿糸を使用し一部では飛び杼（とひ）を取り入れて輸入綿織物に対抗する動きを示すようになったのである。国内綿織物市場において、一八七四年（明治七）には輸入品が四〇％近くを占めていたが、八八年には一五％位に過ぎなくなったと推定される。しかし一面では、在来の手紡（てつむ）ぎ糸と綿作は、輸入綿糸によって圧迫されるようになった。

政府は一八七八年（明治一一）から、綿糸の国産化と綿作回復を目的に、イギリスから輸入した紡績機械一〇基を希望者に一〇ヵ年賦で払い下げるなど、二千錘（すい）（錘とは紡錘数のこと）規模の小紡績を奨励した。その結果八〇年から八五年にかけて一四ヵ所の民間紡績所が開業した。

その必要資金は五万円程度であったが、個人出資が三ヵ所に過ぎないことは、資本蓄積の低位と、新産業に多額の投資をすることへの不安を反映していた。数人程度の共同出資が六ヵ所を数えるが、これも同族的な範囲にとどまっていた。多数を結集した場合も士族結社や零細農民であり、大規模な資本は望めなかった。たとえば宮城紡績は、宮城郡長の勧奨により七九ヵ村・二三五一人を出資者としたが、官員派遣による機械据付けで「人民の信用」を高めようとしたものの、稲の収穫前には現金不足で無理だとして、払込みを途中で打ち切らざるを得なかった。したがって、例外的に地主・資産家を結集した遠州紡績のように、大資本のためには資産家を結集する必要があったが、それには何らかの媒介が不可欠であった。

二千錘紡績の多くは、規模狭小と開業時の松方デフレのため、経営不振にあえいだが、その一方で大規模紡績として出発し、当初から良好な配当を行ったのが大阪紡績会社（のちの東洋紡）であった。第一国立銀行の経営に当たっていた渋沢栄一は、大阪方面への荷為替の多さから輸入綿糸の多いことに気づいてその国産化を目指したが、経営的見地から一万錘以上の大規模会社の設立を図り、七九年四月イギリス留学中の山辺丈夫に一五〇〇円を送金して現地での技術研究を依頼した。

八〇年一〇月に「紡績組合」第一回総会で資本金を二五万円と決定できたのは、やはり先の「鉄道組合」積立金が残っていたためであった。「明治一一年頃海上保険会社の設立を御勧めした処が、華族達が同意されて右の資本の一部を此の方に入れられたので、其の残った一部分を紡績に御入札を願ったのである」（高橋重治・小貫修一郎編『青淵回顧録』上巻、六〇二ページ）。八三年末の株主九五人・二八〇〇株（一株額面一〇〇円）のうち、華族は一七人で株数の三八％を占めており、それが大阪・東京の実業家・商人の参加の呼び水となったのである。

従前からの恐怖〔会社企業に対する〕が強いから資本を投ずる人が甚だ少なかった故に、其の初めに会社を組み立てるといふ事はなかなか困難であって、大阪紡績会社なども……当初は綿物の輸入を取り扱ふ人などにも頼むやうにして少々の資本を引き受けさせたのである。（渋沢栄一「維新以後に於ける経済界の発達」〈山本勇夫編『渋沢栄一全集』第四巻、二〇六ページ〉）

高配当のための昼夜業

大阪紡績は、松方デフレ最中の一八八二年（明治一五）五月設立、輸入紡績機一万〇五〇〇錘の規模で、原動力として輸入蒸気機関を備え、山辺を月給五〇円の工務支配人（藤田伝三郎頭取は三〇円、取締役は二〇円）として八三年七月に一部開業したが、間もなく昼夜二交替の操業を始めた。その理由を幹部社員の岡本勝正は次のように回顧している。

この最も大きな動機は何と云っても株主達への思惑からです。……株式を募集し、資本も集まりましたが、それから三年近くも経って操業し始めたので株主にも大分不平があり、何とか早く利益の上がる様にと希(のぞ)んでゐました。……第一回考課状には純益

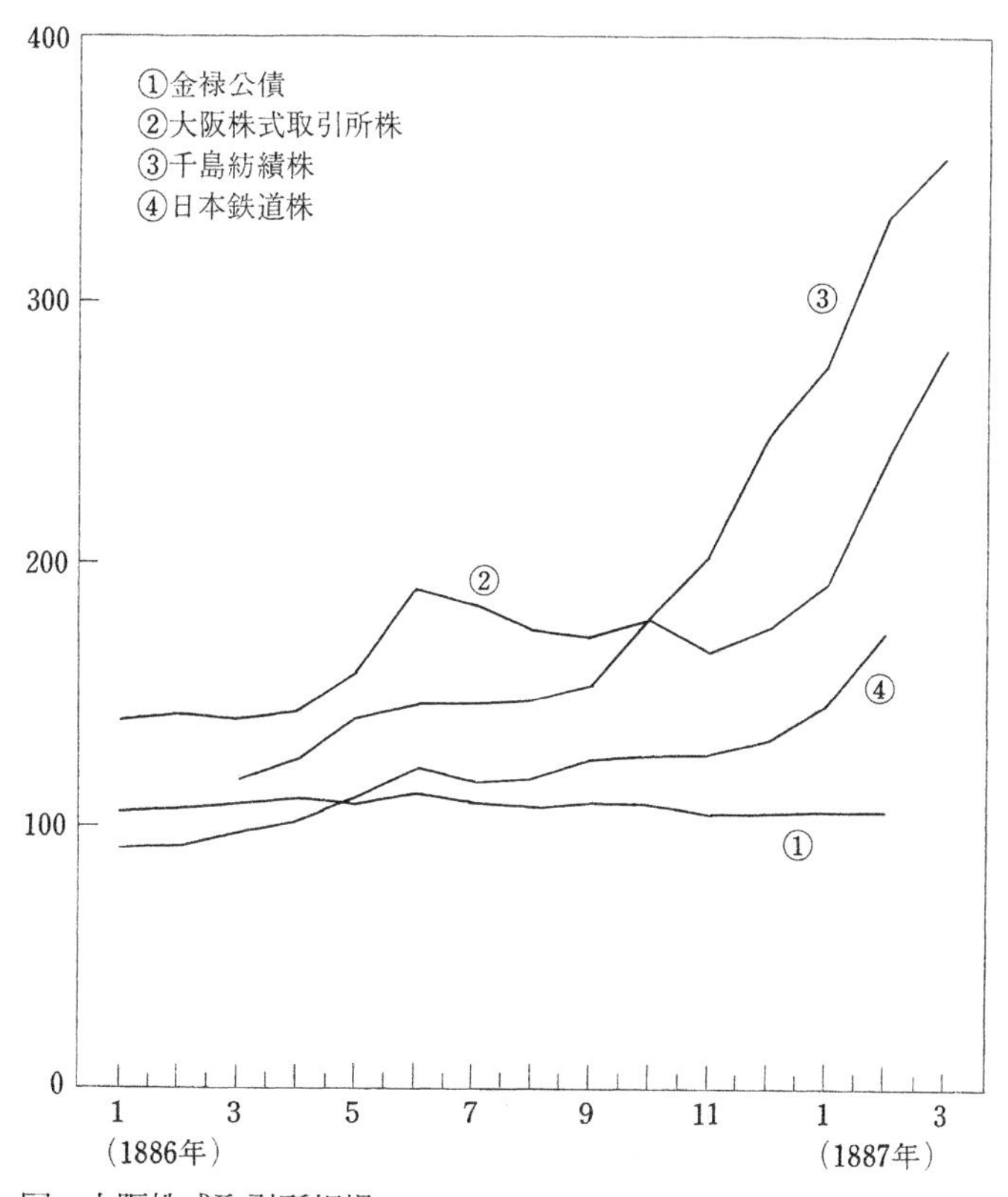

図　大阪株式取引所相場

※大阪商法会議所「商況調査報告」(『明治大正大阪市史』第7巻)による．公債額面，株式払込額を100とした相場．

壱万円以上を出すことが出来、創業時としては未曾有(みぞう)の好調で、これ迄紡績と云ふものは損するにきまってゐると考へてゐた世間を驚かせ、又株主への面目も立った訳です。(『渋沢栄一伝記資料』第一〇巻、四九〜五〇ページ)。

石油ランプのもとで綿埃の舞う中での夜業は極めて危険で、毎夜のように出火事故が生じたが、八六年には輸入発電機を据え付け電灯を灯すことで、夜業は「安全」になった。当初その綿糸は輸入糸よりも高価であったが、輸入糸は染め付けが悪いとして染め木綿の原料としては忌避されていたので、手紡(てつむ)ぎ糸を押しのけながら、その分野に進出していったのである。また綿作の回復という課題にこだわることなく、八五年頃から安価な輸入中国綿を原料に使用していった。

同社は、開業直後の八三年下期から配当を行い(表3)、八四年上期には一八%配当を行い、七月には株主割当ての倍額増資を決定した。八六年下期に一六%配当を行ったあと、八七年二月にはさらに倍額増資を決定、八九年末までには払込資本金一二〇万円・六万一三二〇錘の大会社に成長した。この間八六年三月に大阪株式取引所に上場された大阪紡績株は、三倍以上の高値を呼ぶ人気株となった(九七ページの図を参照、大阪紡績の所在地三軒家は千島新田にあった)。高配当・高株価のもとで株式の移動が活発になり、商人や資産家の所有が増えて、八九年末には華族の持ち株は一一％に減じ、大阪の株主が六二％を占めるようになっていった（高村直助『日本紡績業史序説』上）。

呼び水としての華族の共同出資

以上の両社は、渋沢栄一の強力な指導のもとで、たまたま「余っていた」華族の共同積立金を出資させることに成功し、それをいわば呼び水にすることで、社会的資金の集中に成功したという点で共通している。ただしいずれも外国との競争の存在する分野であったから、比較的大規模で出発したというだけでは、好成績の十分条件とはいえなかった。

東京海上保険会社の場合は、株主に広く運輸関係者を取り込んで顧客を確保し、資金の多くを確定利付きの公債に運用しつつ、外国資本とやみくもに対決するのではなく、再保険先としてこれを利用するという、安全で漸進的な方策が当面の成功をもたらした。大阪紡績会社の場合は、当時の日本の低賃金をフル活用する昼夜業の実行や安価な外国綿の使用によって高配当を実現し、それを梃子（てこ）として相次ぐ増資と規模拡大を実現していったのである。

運輸部門の大会社

(1) 東京馬車鉄道会社

馬車鉄道の発見　鹿児島藩出身の種田誠一と谷元道之は、官命を受けて欧米各国を視察した際、各都市に馬車鉄道が普及していることに刺激を受け、帰国後間もなく官を辞して東京に馬車鉄道を建設することを計画した。両名は、同郷の先輩で政府高官にも影響力を持つ大阪商法会議所会頭五代友厚と、種田が支配人を務める第三十三国立銀行の関係者の支援を得て、一八八〇年（明治一三）二月出願した。両名はのち八二年一二月、東京馬車鉄道の開業式の模様を五代に伝えた書簡の中で、「公閣下と三人は、存亡死生を共に仕り、如何なる堅石も、一死以て相砕き、爾後（じご）、閣下の高恩に酬ゆべし」

（日本経営史研究所『五代友厚伝記資料』第一巻、三九〇ページ）と述べており、双方の関係の深さをうかがわせる。

さて、これと類似の計画はすでに七二年から七五年にかけて存在したが、その際には東京府は道路管理の点から消極的であり、また千里軒経営の二階建て馬車が事故を頻発させるという状況の下で、太政官にも慎重論が強く、却下されていた。

しかし今回は府知事松田道之は、「今日に至り候ては自ら時勢も異なり、既に都下之外部品川より板橋へ向け鉄道汽車取り設けられ候に付ては、都下之内部に於いて通行運搬之便利を開かざれば人民之便否都府之勢衰に関渉少なからず」（東京都公文書館『東京馬車鉄道〈都史紀要三三〉』六四ページ）と、内務省への伺いの中で述べている。当時新橋・横浜間の鉄道に加えて、二月には東京・前橋間の鉄道局による起工が認可されていた（財政難のため一一月に取り消し）（『日本国有鉄道百年史』第二巻）。官鉄品川から板橋方面を結ぶ線とはその一部を指すのであろう。

市街地で、人家密集のため当時は汽車鉄道敷設は無理と考えられていた、新橋と上野・浅草方面を結ぶ交通機関の整備が課題とされるようになっていたのである。なお、のち開業に先立って、起点となり馬や車輌を収容する本社の場所は、汐留（しおどめ）の鉄道局新橋停車場構内敷地の借用が認められた。井上勝鉄道局長は、市街地における汽車鉄道の代替手段として、馬車鉄道を位置づけたのではないかといわれる。

ドル箱路線の鉄道化

府知事の伺いを受けた松方正義内務卿も、太政大臣への伺いにおいて、現今府下の馬車営業者が極めて多く、道路の破壊や事故などが多いが、鉄道を設け一定の規制のもとに営業させればこのような弊害が防げるうえに、庶民の便益も増すし、また軌道外の道路の補修も負担させれば官の手数も省けるとしている。八一年二月調査では、東京市街部で乗合馬車を営業する者は七五人、馬車一二四輌にも上っており、なんとその全員が新橋・浅草間の路線を営業していた。新橋・浅草間は馬車輸送のいわばドル箱路線だったのである。

結局太政官は審議の末この願書を認め、その指示によって府知事は一一月、命令書遵守を条件に鉄軌建設と営業を許可した。命令書では、営業期間は三〇年間だが、政府に必要が生じた場合は買い上げることがある、鉄軌の幅は内法(うちのり)四尺五寸（一メートル三六センチ）以内で、他の車馬の妨害にならないよう道路の表面と高低のないようにする、鉄軌外二尺の道路掃除・修繕は会社が負担する、などを指示していた。

会社は八〇年一二月設立、資本金三〇万円・三〇〇〇株（一株額面一〇〇円）のうち、半分強の一六〇〇株は発起人が引き受けた。すなわち、種田（第三十三国立銀行支配人）七〇〇株、川村伝蔵（第三十三国立銀行取締役）七〇〇株、谷元一〇〇株、久原庄三郎（陸軍省用品請負藤田組）一〇〇株であった（東京都『東京市史稿　市街編』第六四）。なお藤田組は大倉組等と、同年から東京府の道路修繕工事を請け負っていた。引受分以外は募集されたが、「発起人の筆頭に君（五代）の名を掲げて株式の募集を開始するや、忽ちにして申込者殺到し、僅に両三日にして之を締切るの盛況を見るに至れり」（五代龍作編『五代友厚伝』五二一ページ）といわれる。

しかし五代の種田・谷元宛て八二年六月の書簡では、「馬車鉄道会社五万円云々、過日の御投書も之有り、折角、注意罷り在り申し候。然るに、当地（大阪）も、此の二月中迄は、非常の金詰りと存じ候に付、至急の募集は、甚だ難し。好機を見、募集仕り度し」（『五代友厚伝記資料』第一巻、三八五ページ）と述べており、曲折があったようである。結局、八二年末の株主は一一六人に上り、大阪からも芝川又平・住友吉左衛門・平瀬亀之助・外山脩造等が加わっている（『東京市史稿　市街編』第六七）。

同社に対しては、特に政府の保護はなかったが、この路線では乗合馬車が盛況を極めていただけに、それが馬車鉄道になれば、十分に利益が期待できると受け止められたであろう。むしろ、このような路線建設・営業が認められたこと自体が特権的であったといえよう。

八二年六月まず新橋・日本橋間で開業、新橋・京橋・日本橋・今川橋・万世橋・上野・雷門・蔵前・浅草橋・本町角の全線が開通した一二月に開業式が行われた。創業の八二年の配当率こそ五・二%であったが、八三年一六・〇%、八四年一四・五%、八五年八・八%、八六年は繰越負債の償却のため無配となったが、八七年には二二・五%に上った（表3）。同社株は八六年九月から東京株式取引所で取引されたが、八七年には株価が高騰、四月には三二〇円（払込み一〇〇円）にも上昇した。同月同社は三〇〇株を株主入札で増資することを決定、一株価格は三一一円以上で入札され、六万円以上のプレミアム収入を得て、創業期に予算超過のため繰り越していた負債を解消することができた。さらに同年末には、路線拡張のため五〇万円への増資を決定している（『東京馬車鉄道』）。

(2)　日本鉄道会社

東京・前橋間の官設鉄道建設が、一八八〇年（明治一三）二月に認可されながら、一一月になって財政難のために取り消されるという状況の中で、八一年一月、安場保和（やすばやすかず）・高崎正風(まさかぜ)等官僚有志四人は、右大臣岩倉具視に、政府の利益保護の下で華族等に出資させ、青森までの鉄道を建設する建議書を提出した。建議書はその意義として、国内経済発展、「北門」北海道との連絡という軍事的意義、華士族授産、建設工事による貧民救済を挙げている。華士族授産に熱心な岩倉はこれに応じ、二月、自邸に官僚有志・華族有志・小野義真（三菱）等を集め、自らを含む一六人を主唱発起人と定めた。

五月発起人池田章政等四六二人は、予定資本金二〇〇〇万円のうち五九〇余万円を引き受けるとして創立願書を東京府に提出、太政官の審議を経て八月に仮免許状が下付され、一一月特許条約書を下付されて日本鉄道会社が設立され、元老院議官・工部大輔(たいふ)吉井友実(ともざね)が社長に就任した。

官営で出発した民間企業

日本鉄道会社（日鉄）は、東京・青森間と前橋までの支線を予定していたが、建設は工部省が行い、払込資本には八％の利子補給を行うなど、政府の保護はきわめて手厚く、開業当初には汽車運転・線路保全も工部省が担当した。いわば民有・官設企業であり、当初は官営であったともいえる。利子補給とは、五工区ごとに払込みから一〇年間（四・五区は一五年間）、利益が投資の八％を下回る分を補助するというものである。発起人引受の半ば近い二五八万余円は、七一人の華族が引き受けて出資の中核になっていたが、実はそのうち一三〇万円は役員等の名義で「華族銀行」第十五国立銀行が出資することになっていた（星野誉夫「日本鉄道会社と第十五国立銀行」）。

官僚有志が岩倉具視の命により作成し、沿線九県の県令・書記官に宛てた八一年二月二〇日付けの書簡は、資本金募集について次のように協力を求めている。

皇国未曾有之一大事業にして多数の金額を要し候事故、上は皇族大臣諸官員より華士両族農工商賈に至る迄、大小貧富の別なく応分の資力を合はせ全国協同一致にあらざれば、其の実効を奏する能はざるは喋々を俟たず、殊に此の一挙の成否は到底地方官諸君の御卒先御誘導に依り行はれ候事にて、其の要領は、各御管内連年の豊熟と穀価の騰貴とに依り自然農家有余に基づき稍奢侈の風に推移の際、万事華を捨て実に著き質素勤勉美風を永続し、豪農商は申す迄も之無く、通邑辺鄙之別なく爺嬢些少の貯金をも聚合し、所謂小を積みて大と為すの趣向に出でずんば、此の一大事業を実施するに足らずと確信致し候。（『岩倉公実記』下巻、七九七ページ）

大蔵省からの三〇万円借入で工事に着工（三月）した八二年には、株式の部分払込み（六年間に一二回の分割払込み）徴収が開始されるとともに、一般株主の募集が、沿線などを対象に本格化したが、地方官が先頭に立っての勧奨にもかかわらず、折からの不況もあって人々の対応ははかばかしくなかった。

株主募集の困難

株主を募集す、而して輙く之に属するものあるを見ず。蓋し当時に在りては未だ合本起業に慣れず、且つ鉄道の事業たる巨額の資金を要し到底民力の能く支持すべからざるものと做し、一旦加盟するも又忽ちにして退社し頗る去就に迷ふの状あり。之に加へ金融逼迫し通常貸借の利子は年弐割以上を唱ふるありて、夫の年八分の保証は以て世人の満足を誘ふを得ず。故に株式売買の実況に於けるも、第一回金五円の払込価格は弐円内外を保つに過ぎず。岩手、山形等の如き地方に至りては、無代価を以て授受せんとするも、猶且つ第二回以後の払込を危惧し之を辞するものありしと云ふ。（『日本鉄道株式会社沿革史』第一編、一一〇ページ）

当時理事委員として募集に当たった白杉政愛は次のように回想しており、各県ごとに予定額が割り当てられていたことが分かる。

元来予約高は、福島三〇〇万、栃木二五〇万、宮城二〇〇万と云うことになっておりましたが、栃木では一県こぞって其の応募を取り消し、他の地方でも県庁に出しておいた証拠金迄捨てて逃げるという有様でありましたから、私共は〔八二年〕四月一五日から七月に至るまで、約三ヵ月の日子を費やして遊説しておりましたが非常な不成功で、結局二〇〇万円ばかり募集しえたのみでありました。（鉄道時報局編『日本の鉄道論』五六〜五七ページ）

株式募集は八四年半ばで打ち切られ、株数は一一万九三二四株（一株額面五〇円）と確定した。資本金額は発起人引受よりさして変化していないのに、株主は四一三八人に上っている。このことは発起人引受株の相当部分が沿線の小株主に肩代わりされたことを意味している。いったん所有した株の移動も多く、群馬県の場合、八三年六月に三九三五人・八六一〇株であったのが、八四年一二月には五九二人・三七九九株に激減している。株式を押しつけられた沿線株主の多くが、証拠金や第一回払込金を捨てて手放したものと見られる。

株式を手放さなかった沿線株主も、株式投資をあたかも御用金のように意識していた。のちに日本鉄道会社社長になる曾我祐準（そがすけのり）は、次のように回想している。

日本鉄道創業時分は、都鄙（とひ）一般の富豪に株金を募集した所が、手始めの事ではあるし、酒田の名高き富豪本間氏も募りに応じたが、やがて第一回の利益配当をされたとき、本間氏は変な顔をして、御一新後は御用金にも利子が付く様になりましたかと云った

と云ふ一話がある。当時の富豪の観念が想像されて面白し。（『曾我祐準翁自叙伝』四一一ページ）

一方この間、新たに株式を手に入れたものもあった。たとえば、株式仲買人今村清之助は、八三年六月には持株なしであったが、一年後には八五〇株、二年後には一四一〇株と増加し、以後株価高騰期には持ち株を減らしており、安値で買い高値で売ったのであろう（野田正穂『日本証券市場成立史』第二章）。また八一年五月には岩崎弥太郎の出資額面は三〇万円であったが（第三位）、八六年九月にはその継嗣久弥が四三万七二五〇円で筆頭株主になっている（伊牟田敏充『明治期株式会社分析序説』第六論文）。

開業後の好成績

しかし八三年七月まず上野・熊谷間が開業すると、営業成績は良好であり、八四年一月の株主総会が利子補給の水準を超える一〇％配当を決定すると状況は変わり、四月に東京株式取引所に上場されると、株価は払込みを上回った。八四年八月上野・前橋間の第一区が全通し、八五年三月品川線（品川・赤羽）が開通して品川で官鉄と連絡するようになると、日本鉄道会社線は、群馬・埼玉と首都の間の人の移動を担うばかりではなく、これらの地域の産物を開港場横浜に搬出する役割をも担うようになった。『群馬県臨時農事調書』（一八八八年）は次のように指摘している。

従来本郡〔南勢多郡〕は生糸を以て著名なるも、直に横浜等向けて輸出するもの二三会社のみにて、荷車を以て前橋を経、新田郡平塚に送り、川舟の便により東京に至り、然して汽車に托し横浜に達す。其の運賃壱駄（九貫目入り四個）金四円内外を要し、少なくも四五日間を費せしが、前橋に汽車の便開けしより其の運賃凡そ半額を減じて、二日間を以て横浜に達するに至れり。（老川慶喜『産業革命期の地域交通と輸送』七六ページ）

八四年上・下期も一〇％配当（表3）を行ったのち、八五年一月には株主割当てによる倍額増資を決定、八七年七月には第二区の大宮・白河間が開通した。上野・青森間の予定全線が開通するのは、その後九一年九月のことであった。

(3)　大阪商船会社

西南戦争を画期として、瀬戸内海で一、二隻の中古輸入蒸気船を所有する零細船主が増加して、相互に激しい競争を展開し、それに伴って事故もたびたび発生するようになった。大阪府は一八七九年（明治一二）以降、再三、運賃引下げ競争を禁止し船主の連合を勧奨したが、実効を上げることができなかった。

このような状況の下で、八二年（明治一五）一一月、別子銅山を経営する住友家の総理代人広瀬宰平等有力船主七人は、汽船船主の団結による商船会社設立の盟約を結び、一般船主に呼びかけるとともに塚原周造管船局長にも協力を依頼し、一二月には創立願書・創立証書を提出した。創立証書は、第六条で「当会社は有限責任と定め株主の責任は其の株金高に限るべし」と定めるとともに、第八条では「当会社の株主は内国人に限るべし」としているが、外国人排除規程は当時の大会社に一般的に見られるものであった。

同社の特徴は、資本金一五〇万円（三万株・一株額面五〇円）をなるべく船の現物出資で募ろうとした点にあり、現金は六回分割払込みとしている。

汽船の現物出資　船主達に向けた創立旨意書では、次のように、船主の資産が船から株式に代わることで金融を受けやすくなることが、加入の有利さとしてもっぱら強調されている。

今此の会社に其の船を入れ、船価に該当する株券を受領し、其の株券を以て金策を為すときは、実に容易の手続きを以て時価に相当する金融を低利に為すを得ん。如何（いかん）となれば、会社の株券は一二汽船と違ひ、仮令（たとよ）ひ好しや社船一二の災害を受くるものありと雖ども、之れが為め敢て少しも会社全体に影況を及ぼすことなきを以て、此の株

> 券を抵当に取る債主は、実に安心して貸金をなすが為め、必ず低利の金融を為すや自然の情勢と云はざるべからず。此れ固より一二汽船抵当と同日の論に非ざるべし。此の利害便否識者を俟たずして知るべきなり。前陳ぶる所を以て、早已に会社法の万全善良なる煥乎として明かなれば、如何なる反対者と雖ども最早充分の同意を表すべきを信ず。（『大阪商船株式会社五十年史』一九ページ）

そして、「汽船を以て募集するものは、農商務省管船局の正当なる評価を請ひ、其の価格に相当する株券を付与すべし」としている。大阪商船の場合は、多額の資本を集めるために会社をつくるというのではなく、会社設立の直接の狙いは零細船主の相互競争を排除することにあったのである。

同社設立は早くも願書提出の二日後に大阪府知事によって認可され、以後新聞広告などによって株主を募集した。また建野郷三知事が瀬戸内沿岸各県令に宛てて添え書きを書き、駅逓総監が請願に対して年一万円の助成を予約するなど、官側も積極的であった。現実には容易に加入しようとしない船主がいたり、社長人事をめぐって揉めたりしたが、結局、八四年（明治一七）四月一二〇万円に減資し、五五船主から九三隻を集めて、五月に開業した。

現物出資による株主のうち、船価五万円以上の評価を受けたのは、大西定兵衛（四隻）八万〇五八四円、偕行社社長河原信可（八隻）七万七三四九円の二人に過ぎず、全体としてはまさに零細船主の寄り集まりであった。年末現在の現金での株式払込みは、三年間にわたって一〇％の配当を保証したにもかかわらず、五万円に満たなかった。

九三隻の合計は約一万五〇〇〇総トンであったが、そのうち鉄製二隻、鉄骨木皮一隻以外は木造、また五〇〇総トン以上は木造一隻という状況で、当面の競争停止はともかくとして、経営のための船質改善は焦眉の急であった。そこでまず、兵庫造船局に依頼して六隻の鉄船を建造し、代価三〇万円は一〇ヵ年賦で支払うこととし、その年賦金は、一三五万円への増資と不要船売却で調達することを予定した。しかし低配当（表3）のもとでは増資は困難であったので、増資分には一二％の配当を保証することにした。

補助金と船質改善

次いで八八年度から八ヵ年間年五万円の補助金を受けることになったが、その代わり、汽船の改善・減価償却積立てや新航路の開設を義務づけられた。同社は従来船価の減価償却を行っていなかったが、補助金交付に関連して政府が下した八七年八月の命令書は、実際の所有船価より高い「維持船価」一八〇万円を基準として、毎年その四％以上の減価償却、五%以上の船舶修繕費積立て、四%以上の船舶保険積立てを命じていた（高寺貞夫『明治減価償却史の研究』第Ⅲ部第四章）。このような負担増に反発して、補助金受給に反対する株主も少なくなかった。八八・八九年が無配当になっているのは、直接的には、命令によって船価償却金・船舶修繕費・船舶保険料を支出するようになったためである。

大阪商船は、補助金で返済する予定で、三菱社から四〇万円を借り入れ、わが国最初の国産鋼船で三連成汽機搭載の筑後川丸（三菱長崎造船所製）など五隻の鋼船を新造（九〇年）するなど船質向上を進めた。また九〇年には競争企業である共栄社・共同組・山本組・宇和島運輸との間で、大阪・中国各港間の運賃合併計算を実施して、競争の緩和をはかっている。その結果同年からようやく、低率ながら配当が復活することになった（『大阪商船株式会社五十年史』、大阪商船三井船舶株式会社『創業百年史』）。

以上三社の場合、政府の保護と株式資本金調達との関係はさまざまであった。

政府の保護と資金調達

東京馬車鉄道の場合は、補助金等はなかったが、新橋と浅草間という当時乗合馬車営業のドル箱であった路線での馬車鉄道経営を認められたということ自体が、一種の特権であり、これへの投資が有利であることは当時自明のことであったといえよう。

日本鉄道会社の場合、建設と当初の運行を工部省が担当し、八％の利子補給を行うという、まことに手厚い保護によって、「華族銀行」のバックアップもあって、中核となる華族の共同出資を確保することができた。しかし松方デフレの中ではそれでも沿線株主を確保することは困難であった。それを打開して路線延長のための増資を可能にしたのは、採算性の高い第一区をまず開業して、利子補給を越える配当を実現したことにあった。

大阪商船の場合、発足時における保護は管船局による船価鑑定が、いわば公正を保証することで船主の加盟を促すという間接的なものであった。同社は船の現物出資によって一応は大会社として出発したものの、劣悪な船質の改善という課題を背負うことになった。補助金交付はその促進剤になったが、同社自体としても、優先株による株式資本の調達や、発注を見返りとした借入れなどの資金調達を迫られることになったのである。

会社の勃興

局面の転換

デフレの鎮静

紙幣の価値下落を主因とする財政難の深刻化の中で、大隈重信大蔵卿末期に財政整理による紙幣消却が開始されたが、一八八一年（明治一四）一〇月松方正義が大蔵卿に就任すると、それは本格的に進められた。財政支出は極度に引き締められる一方、増税によって歳入の増加が図られ、それによる財政剰余で正貨の充実と紙幣消却が進められていった。その結果、折からの生糸輸出の不振も加わって経済は極度の不況に陥った（松方デフレ）。

一八八四年（明治一七）二月、大阪を視察した大蔵省権大書記官河島醇（じゅん）は、松方デフレ下の大阪の商況について、「今や商業は日月に衰退し」（『明治大正大阪市史』第七巻、五九

二ページ）と松方大蔵卿宛に復命していた。翌八五年八月の大阪商法会議所の「農工商衰退に関する報答書」も、

我が国人民は、其の農たり商たるを問はず、一般に疲弊に陥り、購買力を減殺して漸次今日の衰退を醸成したるものなれば、偶々従来の工業を経営し、其の維持を図らんとするも、……工業者の製造品を購買するものなく、其の困難言ふべからずして、終に如何ともする能はざる惨況に陥れり。（同前、八一二ページ）

と述べていた。ところがそれから二年と経たない八七年（明治二〇）四月、同会議所「商況調査報告」は、

今日は物価の平準定まりたれば、進取の方向を見出す事を得べし。……今之を小にしては各商店が多少仕入れの数を増し、又製造家が一たび閉鎖したる製造場を再び開く者あるが如き、之を大にしては各地方に鉄道の敷設頻に行はれ、諸会社の新設少なからざるが如き、……要するに今日は企業進取の方向を定むるを得べき時運に向ふたりと謂ふべし。（同前、六五六～六五七ページ）

と、「企業進取」の動きを指摘するようになっていた。

この間、紙幣整理の進行によって紙幣価値の回復が進んでいた。貿易取引で用いられる

銀貨一円に対して、紙幣は八一年四月には一円七九銭五厘にまで下落していたが、以後次第に上昇に転じ、八四年四月には一円一〇銭を割り、その後銀紙差額はほとんど解消していったのである。銀紙差額の解消と正貨の蓄積を前提に、日本銀行（八二年一〇月開業）は、八五年五月から銀兌換の日本銀行券を発行し、それに伴って国立銀行券は二〇年間をかけて消却されることになった。翌八六年一月からは銀兌換の政府紙幣が発行され、ここに銀本位制が成立した。

銀兌換制度の確立による貨幣価値の安定は、物価の安定をもたらすとともに、金利の低位安定をもたらした。物価の低下傾向に伴って預貯金が急増し、日本銀行が低金利政策をとったことも作用して、市中金利は八六年半ばまで低下傾向を辿った。だぶついた資金はまず公債取引に向かい、低迷していた七分利付金禄公債相場は、八六年に入る頃には額面を上回った。八六年六月には第一回海軍公債、一〇月には既存の高利公債を整理するための整理公債が募集されたが、その利率はいずれも五％であり、低金利時代の到来を告げるものであった。低金利時代の現出は、不況下での下層農民の挙家離村に伴う都市下層社会の肥大化など、低賃金労働力の準備と相まって、資本家的企業勃興の前提条件を形づくった。

話は遡るが、すでに近世には堂島米市場での蔵前切手取引が行われ、開港後には洋銀取引が行われ、商品相場の変動そのものから利益を上げようとする業者が現れていた。そのような前提の下で、収益請求権を表示する有価証券である公債の相場変動から利益を得ようとする動きが活発になった。藩債処分のため七三年（明治六）から債権者に交付された新旧公債や、家禄奉還希望者に七四年から交付された秩禄（ちつろく）公債は、困窮した商人や士族が安値で手放したことから、両替商の店頭で盛んに取引された。東京では七七年から、以前横浜で洋銀取引を行っていた「横浜組」と東京の両替商等の「東京組」とが、それぞれ一定の場所に集まって公債の集団的取引を行うようになった。

株式取引所の設立

政府は七四年株式取引条例を定めていたが、これは米穀の投機取引抑制を主眼としたもので、仲買人の身元保証金が高く、証拠金額も高いなど、株式取引所の成立を促すことにはならなかった。華士族の秩禄を全面的に廃止し、これに代えて与えられる金禄公債の交付が近づいた七七年末、横浜組の今村清之助・岡本善七等は渋沢栄一・福地源一郎等と連携して条例改正を請願したが、七八年（明治一一）五月制定の株式取引所条例は、その要望をほとんど取り入れたものであった。同月、横浜組と銀行関係者を中心に東京株式取引所が設立され、大阪でも七月、両替商を中心に大阪株式取引所が設立された。

公債取引から株式取引へ

株式取引所では、金銀貨（一八七九〜八五年）や取引所株など若干の株式も取り引きされたが、困窮者の投げ売りと国立銀行設立のための需要とで、低価ながら値動きの激しい金禄公債を中心に、公債の売買が大部分を占めた。八〇年の東京株式取引所の売買高の八五％が公債で、その総てが金禄公債であったが、受け渡し高は売買高の二％に満たず、ほとんどが差金決済を目的とする投機的売買であり、実物取引は取引所相場を基準に両替商の店頭など場外市場で行われていた（野田正穂『日本証券市場成立史』第一章）。

公債投げ売りの一巡と金利の低下によって公債相場は次第に額面に近づき、次いで若干ながら上回るようになり、値動きの幅も小さくなって、売買高は減少傾向を辿るようになった。このような状況変化の中で、配当のよい一部の会社の株取引が盛んになり始めた。一八八六年（明治一九）の東京株式取引所での年間相場は七分利付き金禄公債（額面一〇〇円）が一〇七円五四銭（前年九六円一八銭）に対し日本鉄道会社株（払込み一〇〇円）は一六八円七四銭（前年一三二円九七銭）に上った。大阪株式取引所でも、日本鉄道株が七分利付き金禄公債を上回り、高配当の大阪紡績（千島紡績）株が従来最も高値であった大阪株式取引所株を上回るに至った（九七ページの図参照）。そして株式取引の活発化に伴って、一八八七年には全国六株式取引所の合計取引高において、株式が公債を上回るに至った。

成績良好な会社の配当が利子率を上回り、またそのことから株価が大きく払込資本金を上回るケースが増えてくると、有望な会社を設立する、またそのような会社には積極的に出資しようという機運が生じてきた。

『東京経済雑誌』主筆の田口卯吉は八六年六月、「新事業を企つる時機到来せり」と題して次のように述べた。

回顧すれば明治十三（一八八〇）年の末、金融非常の繁忙を告げ、公債の下落其の極度に達して、……唯だ公債証書の売買ありて株式の売買なし。然るに近日の事情に至りては全く之に反す。……余輩今日株式取引所の景況を見るに、株式の売買ありて公債の売買なし。……今日世の事業を為すものは、左の数項を熟慮せば、随分起業の企を発して可なることを悟らざるべからず。

田口のいう「左の数項」とは、紙幣価値が安定したので「物品を買入るも非常の損なきこと」、資産は公債証書や預金では「四分（五分）以上に運転する能はざること」、「十分なる抵当あるに於いては六七分に資本を借ることを得ること」、「資本を募り之を一割に運用せば、其の株式は直に騰貴して殆んど二倍の価格に至ること」である。そして田口は次のように呼びかけている。

以上掲ぐる所の諸項を考較するときは、貨物を商ふもの、土地を買ふもの、鉄道若しくは船渠を企つるもの等は、必ず十分なる見込みを立つるを得べきを信ずるなり。嗚呼誰れか其の先鞭者たるものぞや。（『田口卯吉全集』第四巻、二二九〜二三一ページ）

第一次企業勃興

一八八六年（明治一九）後半からの約三年間、大いに熱気を帯びた会社設立ブームの時代が現出した（第一次企業勃興）。

会社ブームの高揚

両毛鉄道がその資本金の募集を閉ぢ、其の五十銭払込の証書にして四十円以上の価格を発するや、海内私立鉄道を企画するもの殆んど狂するが如くなりき、又た大坂三軒家の紡績事業〔大阪紡績会社〕にして好況を呈するや、紡績会社を各地に創立するもの靡然として発出せり。蓋し明治十九年以後昨年〔二二年〕に至るまで、我が邦に於いて新事業の紛々として興起したる有様は、識者をして悄然として恐れ、粛然として戒めしめし程にして、其の種類の多き其の興廃の繁き、殆んど端倪す可からざりき。

表4　会社資本金の動向

（単位：千円）

部門	資本金		払込資本金		
	1885年末	1889年末	1889年末	1894年末	1899年末
農業	1,450	8,119	2,560	1,188	2,304
工業	7,771	59,445	29,237	32,871	112,727
紡績	905	12,616	7,500	14,338	b)35,509
製糸	985	4,865	3,472	2,064	4,547
織物	397	4,967	2,576	3,916	9,124
酒造	48	1,457	550	1,254	6,133
煙草	12	434	352	43	11,321
造船	—	—	—	273	5,012
セメント	133	1,713	705	1,268	4,078
製薬	206	1,652	688	1,211	3,012
製紙	654	2,638	1,865	2,780	6,265
電灯		3,965	981	2,379	7,909
鉱業・精錬		6,790	3,555	9,339	27,147
鉱業・精錬		6,790	3,555	7,234	10,020
石炭採掘		—	—	974	14,241
運輸	25,585	69,859	35,270	82,560	198,147
鉄道	*6,948	44,683	17,849	65,973	156,967
水運	a)14,593	17,553	15,564	13,887	38,684
商業・貸金	15,854	25,438	19,217	20,015	49,393
合計	53,661	183,615	90,821	148,353	c)397,687
銀行	86,613	94,075	94,075	101,379	c)286,133

注　内閣統計局『日本帝国統計年鑑』第6，10，15，20回による．
　*は払込資本金．a)は1886年．b)うち綿紡績は30,313千円．c)会社・銀行払込資本金683,820千円の内訳は，株式会社616,109千円，合資会社40,821千円，合名会社26,891千円．

蓋し此の際に於いては最も持重の心を有するの人と雖も、多少会社熱に感染せらるゝことを免かれざりしと見ゆ。況や軽躁者流をや。故に余剰の資本を新事業に吸収するの勢ひは、殆んど当たるべからざる有様なりき。（「目下の金融如何」〈『東京経済雑誌』第五〇八号、一八九〇年二月一五日、一七九ページ〉）

この三年間において、金融は再三短期の逼迫に陥ったが、一八八九年（明治二二）中頃までは企業熱は衰えず、投機的泡沫会社を含めて新設会社が叢生した。八五年から八九年までの四年間に、会社数は二・一倍に、資本金（公称）は二・〇倍に、この時期以前にすでに発達を遂げていた銀行業を除くと三・四倍に増加し、銀行業以外の部門の払込資本金合計が銀行業に匹敵する規模に達した（表4）。各部門のうち資本金（公称）が最も増加したのは鉱工業で、八・五倍となって、水運中心に先行していた運輸業に迫る規模になり、個別業種では、鉄道と紡績の増加が目覚ましかった。

八九年末現在、払込資本金五〇万円以上の大会社（銀行を除く）は二一社を数えているが（前掲表2）、二一社合計で全払込資本の四五％を占める。運輸会社が上位に顔を並べており、全体として汽車鉄道が五社、水運が三社、紡績が二社を占め、地域的には東京が過半の一二社で、大阪四社がこれに次いでいる。

「会社の奨励」で述べたように、会社に関する法整備は遅れており、この第一次企業勃興は、会社に対する法制度の整備によって促進されたものではなかった。

鉄道会社の有限責任問題

それでは、第一次企業勃興の中心となった鉄道会社の場合、それらはいずれも実質的に株式会社であったが、有限責任問題はどのように扱われていたのであろうか。八七年制定の私設鉄道条例は、会社の責任問題にはまったく触れていない。日本鉄道・九州鉄道・山陽鉄道はいずれも定款で有限責任を規定しているが、しかしたとえば、日本鉄道会社に対して政府が下付した特許条約書はこの点に触れていない。また、山陽鉄道は八七年二月の創立約定書では社名を「有限責任山陽鉄道会社」としているが、政府との折衝を経た後は社名から「有限責任」が消えている。この点はどう考えればよいのであろうか。

実は八七年（明治二〇）三月四日、農商務省商務局長から司法省民事局長に宛てて、日本郵船・日本鉄道の有限責任につき、次のような照会がなされている。日本郵船に対する「命令書」には「負債弁済の為め負担すべきの義務は株金に止まるべし」とあり、また日本鉄道については「定款中其の責任有限なるを認め命令書」が出されている。この両社の有限責任は、「第三者即ち社外人」に対して有効か無効か、「裁判上御処分振り承知致し度(た)

い」。これに対して司法省民事局長は、裁判所長官の「裁可」を経たうえで、三月一〇日左記のように回答し、その旨を裁判所に通牒したのである。

本月四日御照会相成り候日本鉄道会社及び郵船会社責任有限の儀、第三者即ち社外人に対しては無効なりや又は有効なりや、裁判上処分振り御承知成られ度き旨了承、右は御示及の如く嘗て政府に於いて認可を与へられたるのみならず、該会社の組織たる一般人民の知る所なれば、縦令政府より有限認可の公布なきも、該会社に関係を有する社外人に於いては事実上之を知りたるものと看做し然るべきを以て、裁判上有効のものと思量致し候、此の段御回答に及び候也。（司法省『類聚法規』第一〇編下、七六〜七七ページ）

有限責任が第三者に対して効力を持つ理由として、政府の認可と有限責任たることを一般人民が知っていることの二点を挙げているが、後者については認定の決め手が不明であり、結局は有限責任を定めた会社の設立を政府が認可したことがその根拠とされているものといえよう。ここでようやく、有限責任規定の第三者に対する有効性が、いかなる場合に認められるかがやや具体的に明確になった。

逆にいえば、それ以前は日本郵船・日本鉄道の株主は、場合によっては無限責任を追及される不安を拭えない状況にあったのである。初期における会社企業への不安は、このような会社法制の立ち遅れもその理由になっていたのである。日鉄に続く鉄道会社の場合も、政府（内閣）の認可を要したので、有限を規定した定款を含めて政府の認可が得られれば、第三者に対抗しうることになったといえよう。

しかし、地方庁の判断にゆだねられている一般業種の会社の場合、たとえ定款で有限責任を謳っても、第三者に対しては有効でないということになると、有限責任の株式会社だとして株主を募集しても、一般投資家は不安を払拭できないことになる。第一次企業勃興はこのような法的状況の下で進展したのであった。

会社の四タイプ　一八八九年（明治二二）末時点で、銀行を除く会社企業は四〇六七社存在し、その公称資本金は一億八三六二万円、払込資本金は九〇八二万円、株主数は二二万四六〇九人であった（前掲表1）。一社平均では、公称資本金四万五一四八円、払込資本金二万二三三一円、株主数は五五人ということになる。これらの会社企業を業種別の平均公称資本金額と平均株主数とで類別してみると、四つの会社のタイプが見てとれる。

少数出資者・小資本型――煙草、石鹼、摺付木（マッチ）、味噌、醬油、陶磁器など、いわゆる在来産業（および新たに西洋からもたらされた製品ではあるが、小規模な設備で技術的にも比較的簡単に生産できるもの）に属する業種が支配的である。

少数出資者・大資本型――鉱業、造船、外国貿易、用達業など、「政商主導」の業種が支配的である。

多数出資者・小資本型――養蚕、竹細工、茶業、開墾、耕作など、零細農民の共同出資による（多くは地方官の勧奨による）と思われる組合的企業が支配的である。

多数出資者・大資本型――鉄道、紡績、保険、海運、電灯など、政商主導ではない近代産業が支配的である（伊牟田敏充『明治期株式会社分析序説』第一論文）。

これら四つのタイプのうち、会社とりわけ株式会社がその業種において支配的な位置を占めたのは、第四の多数出資者・大資本型に属する業種であった。このタイプの一社平均の株主数と払込資本金は、鉄道四九二人・二九八万円、保険一四九人・三二万円、紡績一四九人・三一万円、海運一〇八人・一七万円、電灯九五人・二三万円であった。

これら第四のタイプに属する業種は従来なかったもの（海運も汽船海運）であり、西洋に学んでこれを「移植」するには大規模な資本が必要であった。そのためには、新規業種への投資のリスクという要素も含めると、多くの株主を結集する必要があったのである。

この第四のタイプは、四つのタイプのうちでも資本金規模において中心的な位置を占めた。平均払込資本金の業種別ランキングを見ると、鉄道一位、海運二位、紡績三位（電灯一七位、保険二〇位）であり、この三業種で払込資本金は総額の四四％を占めていたのである（伊牟田前掲書、第六論文）。

企業勃興期の会社

最近の宮本又郎・阿部武司氏の論文「明治の資産家と会社制度」は、「会社の奨励」で触れたチェクパイチャヨン氏の定款研究の一時代後を対象とし、一八八一年（明治一四）〜九二年（明治二五）設立の五〇社を取り上げ、その設立時の定款を分析している。会社法施行の前年までを対象時期とし「会社企業形態のいわば自生的な展開の度合を探」（二六九ページ）ろうとした分析である。株式会社の諸要件をめぐる検討の結果を簡単に紹介すると、次の通りである。

株式会社の諸要件

有限責任制――すべての会社が責任制について規定している。無限責任は二社で、四八社は、合資会社一社を含めて有限責任を明記していた。

会社機関――①株主総会。少なくとも四七社が定時総会と臨時総会の開催を定めており、定時総会は年二回とするものが三九社に上っていた。②総会での議決権。株式会社ではない二社を除く四八社のうち、一人一票制は二社に過ぎないが、一株一票制も一二社にとどまり、大株主の議決権を何らかの形で制限するものが多かった。③重役制。名称は社長、頭取、委員長、理事長などやはりさまざまであるが、ほとんどの企業でトップのポストが規定されている。これに対して、その下の重役については、名称がまちまちであるだけではなくその役割はあいまいであった。取締役と監査役の区別もあいまいである。ただし、いくつかの企業で副社長や専務取締役が登場している。また社長に当たるものには四一社が持ち株の付託を求めているが、その株数の会社全株に対する比重は小さかった。

等額額面と自由譲渡――株式を発行しているのは四八社で、いずれも額面は等額である。額面は五円から一〇〇〇円とやはり大きな幅があるが、一〇〇円一六社を五〇円一九社が上回っており、五〇円が相対的には一番多くなっている。また、少なくとも四七社までが株式の譲渡を認め、うち三四社が自由譲渡を認めていた。

資本金確定と継続性――確定資本金。一社を例外にいずれも公称資本金を明示している。

「脱社規定」のある三六社は、株式会社ではない一社が条件付きで脱社を認めているのを例外に、いずれも株券の払い戻し請求を禁じていた。一定の継続性については、三八社が存続期間を規定している。一〇年以上三〇年以下の期間を規定しているのが三二社と前期よりもかなり長期化し、また期間後も株主の合意があれば存続しうると定めたものが三五社を数える。

株式会社制度への到達

同論文の結論は、一時代前を対象としたチェクパイチャヨン論文とは大幅に異なり、「日本の企業は近代的株式会社制度の構築に基本的には自力で大きな成功をおさめた」（二七七ページ）としている。ごく短期間のうちに、株式会社の制度的要件をほぼ満たすものが多くなったという事実認識には、私も賛成である。

ただし、それがもっぱら「自力」によるというのは、いささか問題であろう。法律がなかったことはその通りであるが、鉄道会社などは政府が定款を含めて審査しており、またそれ以外の会社についても、府県によって差はあるが、たとえば大阪府の場合は、後述のように、かなり詳細な条件の設定を要求する規則を設けていたことも見逃がせない。実は上記五〇社のうち大阪府の会社が二三社を占めており、そのうち一六社は、合資結社営業取締規則制定後の八六年以後の設立であった。早期に株式会社の制度的整備が進んだのは、政府・地方官の規制とそれへの民間の対応の結果というべきであろう。

以下、第一次企業勃興の中心となった鉄道と紡績について、その動向をより立ちいって見ることにしよう。

鉄道ブーム

八％の利子補給を保証されて発足した日本鉄道会社であったが、一八八三年（明治一六）下期から八四年下期にかけて、毎期それを上回る一〇％の配当を行った。折からの金利低下とも相まって、株価は払込みをかなり上回るようになった。また大阪の難波・大和川間の短距離ながら、阪堺鉄道が利子保証なしで八五年末に開業し、八六年に七・三％（八七年九％）の配当を行ったことは、私鉄投資への関心を呼び起こした。

私設鉄道の勃興

このような状況から幹線鉄道にも私設を認めよという声が出始めるようになった。すでに八四年五月、田口卯吉は『東京経済雑誌』誌上で、次のように述べている。

日本鉄道会社が高崎上野間の線路に於いて、一割以上の利益あることを開示するや、四日市大津間の線路は一層利益あるべしとは世の財主の注目する所となれり。余輩仄かに聞く、其の発起者の之を公言するや、数日間にして百五十万円の資本充実し、尚ほ其の幾分を得んことを希望するもの極めて多くして、最も多き株主と雖も三万円以上の株券を有する能はざるの勢ひありしと。……若し我が政府にして之を許可し此の会社をして世に鉄道事業の利益あることを表示せしめば、更に他の鉄道を架設するの端を開かんと。(『田口卯吉全集』第四巻、一七三〜一七四ページ)

一八八六年(明治一九)、通貨の安定、金融緩慢のなかで、鉄道投資熱の先頭を切ったのは両毛鉄道であった。六月、田口卯吉と足利の織物買次商木村半兵衛等は、日本鉄道会社の前橋と小山を結ぶ両毛鉄道(資本金一五〇万円)を提唱したが、株式仲買人・銀行家・織物商などの出資申込みが予定額に達したので、一一月末には創立願書を提出した。しかし応募希望者は後を絶たず、五〇銭払込みの株券予約証がプレミアム付きで売買されるようになった。

一二月二三日の『東京日日新聞』は、「未だ其の成立を見ざる該社の株券は……昨今買取りに奔走する者ありて大いに騰貴し、現に額面外十円以上にて譲受を為すものもあるよしに聞く、既に九州鉄道の上景気と云ひ、世は鉄道の世の中となれるものゝ如し」と報じている。そしてこのような鉄道熱は、ここでも触れられているように幹線鉄道をめぐっても生じつつあったのである。

表5は一八八九年（明治二二）末現在の私設鉄道を示したものであるが、すでにこの時点で、九州鉄道会社・山陽鉄道・関西鉄道、また表示されていないが官業払下げによる北海道炭礦（たんこう）鉄道が設立されており、先行の日本鉄道会社を合わせて、早くも鉄道国有化以前の五大私鉄が出揃ったのである。

その結果私設鉄道の路線延長は急速に増加し、官設の東海道線が開通した八九年には私鉄の営業キロ数が官鉄を上回り、九一年には官鉄の二倍を超えたのである。このような私設鉄道勃興の前提になったのは、幹線の私設許可方針であった。

私鉄容認と私設鉄道条例

一八八三年（明治一六）七月、岸良俊介福岡県令は、県下に鉄道を敷設したいという機運が高まっているが、鉄道敷設の適否を調査するため官員を派遣してほしいと工部省に上申した。この件は太政官の審議にかけられたが、同年一二月、三条実美（さねとみ）太政大臣は「其の幹線となるべきものは官設に帰し、支線の分は人民の出願に依り、布設許可致し候」（『日本国有鉄道百年史』第二巻、五九一ペー

表5　私鉄の建設費と資金(1889年度末)

(単位：千円)

社名	免許年月	建設費	払込資本金	積立金	長期借入金	小計
日本鉄道	1881.11	11,179.9	14,823.8	326.9		15,150.7
水戸鉄道	1887. 5	769.6	900.0	4.6		904.6
阪堺鉄道	1884. 6	357.0	330.0	20.0		350.0
両毛鉄道	1887. 5	1,469.3	1,500.0	3.8		1,503.8
伊予鉄道	1886.12	57.8	60.0	0.7		60.7
山陽鉄道	1888. 1	2,179.2	2.915.2	5.0		2,920.2
甲武鉄道	1888. 3	596.7	810.0	3.7		813.7
大阪鉄道	1888. 3	919.7	1,425.0			1,425.0
讃岐鉄道	1888. 2	120.8	275.0	2.0	30.0	307.0
九州鉄道	1888. 6	1,253.5	2,991.3			2,991.3
関西鉄道	1888. 3	1,461.2	1,912.6			1,912.6
合計		20,365.7	27,943.0	367.0	30.0	28,340.0

注　『鉄道局年報』1900年度版による．

ジ）と指令し、幹線官設主義を確認した。政府は、八三年には公債を財源とする中山道鉄道建設を計画し、工事の困難から八六年に東海道に変更して建設を進めたが（八九年完成）、しかし財政難からそれ以後の官設計画が立てられない状況に陥っていった。

一八八六年（明治一九）六月、安場保和福岡県令が「九州鉄道布設之義上申」を提出すると、公債募集で財政負担を増すよりも若干の保護を与えて民間に建設させた方がよいとする松方正義大蔵卿や、九州鉄道建設に積極的に肩入れする井上馨外務卿等の意見によって、内閣は二二日、「九州鉄道会社を創立し鉄道民設の件は許可に及ぶ可し」との方針を定めた（中村尚史「第一次企業勃興期における幹線鉄道会社の設立と地方官」〈『九州史学』第一〇三号〉）。

ここに幹線鉄道の私設が可能とされたが、これに伴って翌八七年五月には私設鉄道条例が制定された。この条例は、会社の発起は株式の二割以上引受を条件とし、政府（内閣）が審査のうえで設立・敷設の免許状を発する（それ以前に社名で株金募集することを禁止）、免許後三ヵ月以内に工事に着手し免許期限内に竣工すること、財産抵当負債は資本金の半額以内とすること、運賃は認可制とし、監査員派遣がありうること、政府に二五年後買上げ権のあること等を定めている。政府の監督権の強い法規であるが、これによって私鉄熱の法制的前提は一応整えられたのである。以下、幹線鉄道である九州鉄道と山陽鉄道を取り上げ、日本鉄道会社の場合との比較を念頭に、官との関係、株式募集のあり方を見ていこう。

(1)　九州鉄道

一八八六年（明治一九）七月に民設許可を得た安場保和福岡県令は、各郡ごとに県官出席のもとで県会議員や地元有力者を集めて株式引受を説得する一方、沿線各県県令に協力を呼びかけた。熊本県では近世以来の郡・郷の共有財産を出資に当て、佐賀県では郡・村への地租割による割当てに対し村単位での少株数引受が行われるなど、地方官の上からの押付けの結果と見られる事態があった。一方では佐賀県のように、利子補給をも当て込んで銀行関係者が投機的思惑から大口の株を引き受ける動きもあった。

結局同年末には、東京・大阪などを含め目標三〇〇万円を上回る五〇〇万円強が引き受けられた。八七年二月現在の引受株数一一万〇九〇三株（一株額面五〇円）の内訳は、福岡県三二％、佐賀県二〇％、熊本県二五％で、沿線三県が七七％を占めていた（中村尚史「第一次企業勃興期における幹線鉄道会社創設資金の調達過程」〈『日本史研究』第三七五号〉、同

「企業勃興期における幹線鉄道会社の設立と地域社会」）。

官の主導と株式募集

日本鉄道会社と比較した場合、地方官主導の点では共通するが、日鉄の場合それは中央政府のいわば下請けとしてであったのに対して、九鉄では地方官が自主的に中央政府に働きかけた点で異なっており、政府の補助も後述のように限定的であった。また株式引受では、押し付けられた面と積極的な応募とが併存していた。

一八八七年（明治二〇）一月、六人の発起人総代は、資本金六〇〇万円で、第一区として門司・三角港、田代・早岐港、宇土・八代、小倉・行事の路線を建設したいので、一五年間五％の利子補給などの保護を得たいという九州鉄道会社創立願を提出した。三県令は二月これを政府に上申するに当たり、

> 苟も利子の補給なきときは、其の株金を投ずるもの或いは半ばに至らざるも未だ知る可からず。蓋し利益の少なからんことを恐れて然るに非ず。只世上の信用を固うして、以て其の社運の確実ならんことを欲するにあるなり。（『日本国有鉄道百年史』第二巻、五九六ページ）

と、利子補給が鉄道会社の信用確保のためにも不可欠であることを強調していた。利子補

給については、五月、松方大蔵卿の意見によって、払込みから営業開始までの期間に限って四％の利子補給が認められたが（八九年四月、一マイル落成ごとの特別補助金二〇〇〇円に変更）、一方では当時発起されていた長崎鉄道（長崎・早岐・佐世保）を合併することが条件とされた。この合併問題や軍事的観点からの路線変更問題などで予定は遅延したが、八八年六月に免許状が下付された。

営業開始へ　この間に、東京や大阪から九州に出向いて株を入手する動きが進み、八七年二月には五〇株以上発起人引受株（七万六六七五株）のうち東京府一八％、大阪府七％であったのが、八八年三月の五〇株以上引受株（一〇万四六〇六株）のうち、鉄道株投資を進めていた株式仲買人今村清之助等の東京府が二二％、山口吉郎兵衛（唐物商「布屋」、第百四十八国立銀行頭取）等の投資グループを代表する西田永助（第百四十八国立銀行支配人）等の大阪府が一一％、合わせて三分の一以上を占めることになったのである。

八八年八月資本金七五〇万円（一五万株・一株額面五〇円）の九州鉄道会社が設立され、社長には官選請願に応じて農商務省商務局長高橋新吉が天下（あまくだ）った。建設順序で曲折があったが、まず博多・久留米間から着工することとなり、ドイツ人技師を招いて建設を進めることになった。ところが、着工区間限定への不満と折からの局地的金融逼迫のため株金払込み状況は極めて悪く、株式時価も低迷した。そこで常議員の今村清之助・井上保次郎（大阪、第百三十六国立銀行頭取）等が大規模な買占めを実行したので、東京株式取引所に上場された八九年四月には株価は払込額を大幅に上回るようになって、払込み徴収は順調になり（中村尚史「創立期幹線鉄道会社における重役組織の形成」〈『経営史学』第三〇巻第三号〉）、八九年一二月博多・千歳川（久留米）間の営業を開始した。

(2)　山陽鉄道

兵庫県官村野山人は、一八七六年（明治九）と八二年に神戸・姫路間の鉄道建設を提唱したが、県内有力者はこれに応じなかったという。また、八五年一一月の県会に、神戸・姫路間鉄道敷設の建議案が提出されたが、賛成少数で成立しなかった。八六年五月内海忠勝が県知事になると、村野はこの鉄道計画を進言、政府の幹線私設許可の動きを知った内海は、夏に県書記官に着任した牧野伸顕（のぶあき）とともに、政府や中央の有力実業家に働きかけた。

内海知事は一二月二一日、神戸など県内豪商一二人を私邸に招いて計画への協力を呼びかけた。その数日後の二七日、大都市実業家の藤田伝三郎（藤田組）・原六郎（横浜正金銀行頭取）・荘田平五郎（三菱）も加わった一六人の発起人が、「先づ以て神戸・姫路間に鉄道を布設し追って岡山地方へ延長致し度し」（『日本国有鉄道百年史』第二巻、五五三ページ）と出願した。知事は、八七年一月一四日「発起者は孰れも資産名望兼備のものなるにより、資本募集上聊か懸念の廉之無く」（同前、五五七ページ）として稟請した。

路線計画の大拡張

内閣の諮問に対し井上勝鉄道局長官は、利益の上がりやすい部分だけについて私設鉄道を許可するのは望ましくないとして、路線は馬関（下関）までとすべきである、また政府による工事を希望しているが、それは東海道線の完成までは無理なので、自力で官鉄並みの設備をつくるべきであると、厳しい答申を行った。八七年一月二八日、答申に沿った指令が知事に発せられたが、これに対して早くも二月二一日、発起人たちは指令を受け入れている。資本金を五五〇万円（五万五〇〇〇株、一株額面一〇〇円）とし、そのうち三五三万円を引き受け、計画路線の大幅な延長に自力で応じることにしたのである。上記の大都市資本家はいずれも路線延長に積極的であった。三月には、井上馨の勧告と荘田の推薦によって、時事新報社長中上川彦次郎（福沢諭吉の甥）が創立委員総代（のち社長）に選任されている。

八七年二月時点で、発起人三八人によって三万五三〇〇株が引き受けられており、一〇

○○株以上の大株主は、他地域からは原六郎（神奈川県）三九五○株、藤田伝三郎（大阪府）三一五○株、荘田平五郎（東京府）三一五○株、中上川彦次郎（東京府）一五○○株、沿線では小西新右衛門二七五○株、伊藤長次郎二五○○株、米沢長衛二四○○株、村野山人一八○○株、鷲尾久太郎一二○○株、辰馬吉左衛門一二○○株、山邑太左衛門一○五○株（以上兵庫県）、村上長毅一○○○株（岡山県）であり、それぞれの引受高が大きいが、おそらく有利に譲渡しうる見込みがあったのであろう。たとえば福沢諭吉は、二月一三日の藤田組本山彦一宛ての書簡で、「今度の起工者は世に信用厚くして人心も之に赴くべきは無論、実際の場所柄においても有利のものならんと思へば、利益上に於いて加入を冀望する」（日本経営史研究所『中上川彦次郎伝記資料』一九一ページ）として、三菱分と藤田分からそれぞれ五○○株、合計一○万円分を譲り受けたいと申し入れている。また延長された地域からは、岡山県が五人・二三○○株、広島県五人・一五○○株、山口県四人・一○○○株が加わっている。いずれも短期間に多くの引受が行われている（『山陽鉄道会社創立史』〈『明治期鉄道史資料』第二集第三巻〉）。

以後政府との間で若干のやりとり、また私設鉄道条例制定に伴う書類の手直しがあったが、一○月四日、全線路の測量を完了したので、三区に分け九ヵ年間で工事を完了したいと免許状下付を稟請、八八年一月四日、免許状が下付された。

このように、山陽鉄道の場合、地方官の呼びかけで地元資産家・中央実業家の合作でスタートしているが、呼びかけから株式引受、路線延長指令からその受入れまでの期間が極めて短いことに示されているように、民間の動きは素早く積極的であった。

設立への動き

八八年一月九日に設立された山陽鉄道は、一四日、資本金五五〇万円から発起人引受分三七〇万円を除く一八〇万円（一万八〇〇〇株）を、沿線四県に分配して募集することとし、新聞等で申込みを呼びかけた。期限は二月二〇日までと短かったが、応募は兵庫県分配七〇万円に対し二七二万余円、山口県二五万円に対し五五万余円に上った。岡山県は五〇万に対し二万余円が不足したが、これは第二十二国立銀行頭取村上長毅が引き受け、広島県は三五万円に対し応募は一四万余円に過ぎなかったが、不足分は兵庫県の応募者に回された（伊牟田前掲書、第二論文）。地域による温度差はあったが、全体として短期間の割に応募は極めて順調であったといえよう。福沢諭吉は、二月二七日付け中上川宛書簡で、「来書拝見。陳(のぶれ)ば鉄道株の申込みも案外に旨く参り候よし、欣喜に堪へず、大安心致し候」と述べている（『中上川彦次郎伝記資料』二〇九ページ）。山陽鉄道株は同年四月大阪株式取引所に上場され、株価は年末には払込額を超えた。

山陽鉄道は、日本土木会社の技師とイギリス人技師を雇用して建設を開始し、一八八年一一月兵庫・明石間、八九年九月神戸・姫路間を開通させた。しかし、姫路以西の建設に要する資本金払込みは、折からの金融逼迫と期待利益薄のため延滞し、八九年一〇月、配当上乗せで払込みを促進するため、姫路以西について九州鉄道同様、落成一マイル当たり二〇〇〇円の特別補助金を請願し、翌年三月、完成期間の二年短縮を条件に認められている。

建設費と資本金

鉄道会社の資産の主要部分は、いうまでもなく鉄道施設に投じられた固定資産であり、たとえば一八八九年末時点の日本鉄道会社の総資産のうち、興業費（建設費）が六九％を占めていた。その建設費は払込資本金で賄うのが通常であり、表5に示したように、阪堺鉄道を例外にいずれの鉄道の払込資本金も建設費を大幅に上回っており、長期借入金は讃岐鉄道に少額見られるにとどまった。日本鉄道の場合は、資本・負債総計のうち、払込資本金が九二％を占め、積立金・前期繰越金などを加えた自己資本が九九％を占めていた。鉄道会社の最重要な資金源は払込資本金であった。

その払込資本金は、日本鉄道会社が六年間に一二回の分割払込みを予定したように、株式の額面金額全額を一挙に払い込ませるのではなく、何度かに分割して払い込ませるのが一般的であった。それは株主の資本蓄積の低位に対応した措置であったといえよう。鉄道の場合は、部分的に建設を計画し、そのつど必要な額を払い込ませながら建設を進めていっている。

このような全額払込みではない部分払込株も、株式市場に上場されて取引され相場が立っていた。また株式取引所の相場を基準として株式取扱商の店頭でも株式は盛んに取引された。実は株式取引所での売買のほとんどは清算取引であって実物の受け渡しは行われず、実物取引はむしろこのような場外取引が主であったといわれる（野田正穂『日本証券市場成立史』第二・四章）。

株式担保金融　部分払込株を含めて株式が売買され相場が立っていることを前提に、銀行は部分払込みを含む株式を担保とする金融を盛んに行っていた。その結果、金融繁忙時には次のような状況が生じていた。

近来世間に恐慌の起こらんことを憂慮するもの多く、各銀行等にても株券を抵当に、金を貸し出すことは殆どなさざる如き有様となりたるに、諸会社の払込額は、次第に増加し来たりしかば……甲の会社の株券を抵当に銀行より金を引き出して、乙の会社に払込みをなし、乙の会社の株券を抵当に、又丙の会社へ払ひ込む如き槍繰（やりく）り算段に

て金の運転をなし居たる株主連中は俄に融通に差し支へ……。（『朝野新聞』一八八八年七月四日）

日本の銀行は、ドイツのように、株式会社の設立に直接関与し株式を引受発行するようなことはなかった。会社自体に対して貸金をすることも、重役が共通するなど関係の深い場合に限定される傾向があった。そのことは、当時の会社企業に一般的な信用力が欠けていたことの現れであった。にもかかわらず銀行は、なぜ株式担保金融には積極的であったのであろうか。

それは、会社と借り手個人との双方の信用力に基礎を置くことができたからであった。株式を担保として提供する借り手個人は、通常なにがしかの資産家であって、株以外の資産を持っており、万一担保株の暴落があった場合でも、個人資産からの返済が期待できるということである。その結果銀行の資金は、直接会社に流入することは少なく、株主への株式担保金融を通じて間接的に会社に流入するという「間接金融体制」（伊牟田前掲書）が形成されたのである。

一八八九年（明治二二）秋、第一次企業勃興期に急膨張した鉄道株をはじめとする株式の払込みが集中したことを主因に、米凶作による米穀取引過熱に伴う資金需要も加わって、金融は逼迫し一八九〇年恐慌が勃発した（高村直助『日本資本主義史論』第一章）。株価の暴落で、大量の担保株を抱えた銀行の危機が発生し、日本銀行がその救済に乗り出さざるを得なくなった。

間接金融体制の確立

もともと日本銀行条例第一二条は、不動産・株券を抵当とする貸金を禁じていた。しかし実際には銀行の実状を無視することはできず、手形割引の担保として八四年下期に横浜正金銀行株、八五年五月に日本鉄道会社・第十五国立銀行株を認め、その後増加しつつあった（『日本銀行百年史』第一巻）。そして九〇年恐慌時に、これを制度化せざるを得なくなったのである。日本銀行は九〇年五月担保品付手形割引手続きを定めた。当初の対象株は一三社の株であったが、そのうち日本郵船・東京海上以外は日本鉄道会社などの鉄道株であり、当時川田小一郎総裁は、「下落せし諸株券中に就いて、鉄道株券は最も重要の者なれば、先づ之を救済するは国家経済の為めに極めて必要なるを信じ、遂に之を担保品に加へ」（『東京経済雑誌』第六〇〇号、一八九一年一一月二八日、八〇〇ページ）たと述べている。

九〇年末現在、国立銀行の貸付金四九一九万円の抵当別内訳は、信用つまり無担保二一％以外はいずれもなんらかの担保付きであったが、株券が四〇％と最大の比重を占めていた。また同時点での日本銀行の内国商業手形割引残六九八万円のうち、二八％に当たる一五九万円が担保品付き手形割引であった（伊牟田前掲書、第一論文）。

ここに、日銀−市中銀行−資産家−会社という流れの間接金融体制が確立したといえよう。日本銀行が制度として株式担保金融を認めた結果、一般銀行は、金融繁忙時には株式を担保とする日本銀行の手形再割引を期待できるという安心感から、株式担保金融をさらに積極化するようになった。

やや後になるが、九六年の諸銀行の「株式に注入する資本」は、一億三三〇〇万円であり、これは同年の株式会社払込資本金総額の三七％に当たっていた。つまり株式全体の三分の一以上がいずれかの銀行の抵当になっていたのである。銀行別の内訳では、国立銀行五九三一万円、私立銀行五一一六万円、日本銀行一七七一万円であった（同前、第一論文）。また同年の全国国立銀行・私立銀行の貸付金（当座貸越を含む）のうち株式担保は四二％を占めており、日本鉄道会社株式担保貸の形式で日鉄株を所有していた第十五国立銀行を除外しても、三四％と三分の一強を占めていたのである（星野誉夫「日本資本主義確立過程における株式担保金融」〈逆井孝仁ほか編『日本資本主義　展開と論理』〉）。

このような間接金融の展開は、株式会社の急速な発展を資金面から支えたといえるが、一方では繁忙時の金融逼迫を激化させる要因になっていったのである。

恐慌と資産家

一八九〇年恐慌時の株価の下落とその前後の増資を通じて、相対的に資金調達力の強い大都市の資産家の株投資が増加し、持ち株比率を高めていった。幹線鉄道の場合、建設途中で金融逼迫のために一時株価が低下しても、中期的には路線の延長・完成によって安定した配当が期待できたので、資金調達力があれば、資金力の弱い株主の投げ売りで株価の低下した株を買い集めることは有利なことであった。この時期に株式所有を増やす大都市資産家のなかから、有力な鉄道資本家の成長が目立つようになった。

山陽鉄道は、すでに恐慌の始まりつつあった八九年一〇月に、資本金五五〇万円（五万五〇〇〇株）から一三〇〇万円（二六万株）へと増資をしたが、その前後で株主の地域構成は大きく変化した。八八年三月から九二年三月にかけて、兵庫県の持ち株比率が四五％から一三％へと大きく減少したのをはじめとして、沿線四県の比重は六七％から一九％へと激減したばかりではなく、持ち株額面の絶対額も三三％減少したのである。これに対して、大阪府は一六％から三五％へ、東京府は一二％から三一％へ、合わせて二七％から六七％へと比重を高め、三分の二を所有するに至ったのである。

ところで岩崎家は日本郵船設立時に、三菱会社合併の対価として一〇万株（一株五〇円払込み、ほかに貸付金五四万余円）を受け取り、一部を社員に分与した後の持ち株は、弥太郎の継嗣久弥六万〇九一七株、弥太郎の弟弥之助二万株であった。株式ブームの八七年四月には、郵船株は八九円近くに高騰したが、その際岩崎は持ち株の三分の一を処分して二四〇〜二五〇万円を得たといわれ、同年末の久弥の持ち株は三万六一四七株に減じている。さらに九一年一〇月までに弥之助の持ち株はなくなり、九二年一〇月には久弥は個人筆頭株主ではあるが、持ち株は三万〇八一四株に減じている。郵船株の売却代は、事業の多角化のためにも投じられたが、高値安定の郵船株を、恐慌下で低落した鉄道株に乗り換える操作も活発に行っていた。

鉄道資本家の成長

山陽鉄道において、岩崎久弥は、上記の八八年三月から九二年三月までの期間、一貫して最大の株主であるが、持ち株率を五%から一一%へと高めている。また岩崎は九一年三月に筑豊興業鉄道でも筆頭株主となり、さらに九州鉄道株も九一年七月から九三年四月の間に七〇〇〇余株を増加させ、総株の七%を所有するようになった。

山陽鉄道では、また上記の期間に今村清之助（東京）や田中市兵衛（大阪）が四位、二位の大株主として登場している。今村はまた、関西鉄道でも、恐慌期に筆頭株主になって

いる。今村は関西鉄道株について、

株其のものゝ価値なきにあらず。会社其のものゝ基礎薄弱にして、未だ確実なる営利事業と見做されざるを以てなり。されば之が基礎を鞏固（きょうこ）にし、正確にして有利なる鉄道たらしむるに至らば、株の価格は従って騰貴するに至らむのみ。（『今村清之助君事歴』〈『明治期鉄道史資料』第二集第六巻〉二六五ページ）

と述べている。安価時の鉄道株を長期的観点から集積し、鉄道経営に強い発言力を持つ鉄道資本家が成長しつつあったのである（小風秀雅「交通資本の形成」〈高村直助編著『企業勃興』〉、高村直助「産業革命と資本家的企業」）。

紡績ブーム

紡績業と産業革命

大阪紡績の高配当とそれに伴う高株価は、金利の低位安定の下で、資産家達を綿紡績業に引き付けることになった。一八八六年（明治一九）から、「世間の資本家は公債証書を握りて僅々五朱（五分）の利益を得るに満足せず、其の資金を各種の事業に卸し一層の利益を獲んと欲するより種々の新業を起こせる中に、資金を紡績事業に投ぜるもの最も多く」（「本邦紡績業の沿革」〈『連合紡績月報』第一二号、七〇ページ〉）、といわれるように紡績ブームが発生した。特に大阪や東京等の大都市の商人達が自発的に紡績会社を設立する動きが活発となり、輸入機械による一万錘規模の紡績会社が叢生することになった。紡績所数は、八六年には二〇ヵ所・八万四四二八錘であっ

表6　一万錘紡績会社(1889年末)

社名　(所在地)	設立年月	開業年月	払込資本(千円)	据付錘数	リング率(%)
〔1886年以前開業〕					
玉島　紡績　(岡山)		82.	208.1	11,020	63.7
大阪　紡績　(大阪)	82. 5	83. 7	1,200.0	61,320	55.5
名古屋 紡績　(愛知)		85. 1	200.0	9,000	11.1
堂島　紡績　(大阪)		85.		10,868	77.9
〔1886年以降開業〕					
三重　紡績　(三重)	86. 5	88. 1	433.4	16,272	27.5
天満　紡績　(大阪)	87. 3	88.	450.0	15,136	30.4
浪華　紡績　(大阪)	87. 5	88.10	415.0	10,704	0.0
東京　紡績　(東京)	87.	89. 4	300.0	9,104	68.4
平野　紡績　(大阪)	87. 6	89. 5	291.7	a)4,992	100.0
尾張　紡績　(愛知)	87. 6	89. 7	360.0	15,280	80.1
鐘淵　紡績　(東京)	87. 4	89. 8	900.0	30,536	94.7
〔未開業〕					
金巾　製織　(大阪)	88. 8	90. 8	226.2	13,552	100.0
摂津　紡績　(大阪)	89. 4	90.11	192.0	19,200	100.0
泉州　紡績　(大阪)	89.10	91. 4	40.0	10,320	100.0
尼崎　紡績　(兵庫)	89. 6	91. 2	40.0	9,216	100.0
三池　紡績　(福岡)	89. 5	91.10	60.0	10,568	100.0

注　高村直助『日本紡績業史序説』(上)による.
　a) ほかに6,528錘据付け中で90年完成.

たが、八九年（明治二二）には三三ヵ所・二六万七二六四錘に急増した。

イギリス産業革命の中軸になったのが綿紡績業であったことは広く知られているが、日本の産業革命でも中軸になったのは、綿紡績業であったと私は考えている。一万錘紡績が叢生したこの紡績ブームの時期は、在来の手紡ぎを圧倒し、輸入綿糸に対抗しつつ機械制綿紡績業が形成された時期であり、その意味で第一次企業勃興期は日本における産業革命の開始期であった。

表6は、一八八九年末の一万錘規模（八〇〇〇錘以上）紡績を示したものである。企業勃興期以前に開業したものが四社、企業勃興期に開業したものが七社、未開業が五社、合計一六社を数える。そのうち大阪府が半数の八社を占め、東京と愛知がそれぞれ二社である。

これらの一万錘規模紡績は、多くの点で大阪紡績会社を手本にしていた。当時としては相対的に大規模な錘数と蒸気機関を備えたが、大阪紡績が当初ミュール紡績機で出発し、次いで試験的に最新式のリング紡績機を導入し、次第にリング中心に切り替えつつあったのに対して、操作が容易で生産性の高いリングを最初から導入した会社が多かった。また当初から中国綿などの安価な輸入綿を原料とし、電灯を導入して昼夜二交替制で操業した。

これらの一万錘紡績は、染め木綿原糸の分野で手紡ぎ糸を圧倒するとともに、従来輸入綿糸が支配していた白木綿原糸の分野にも進出し始め、その結果、九〇年の国産機械製綿糸生産量は綿糸輸入量を上回り、国内綿糸市場の半ばを掌握するに至ったのである。

大阪での紡績ブーム

一八八九年（明治二二）現在紡績据付け錘数の地域別を見ると、大阪府が二一社中六社で錘数の四一％を占め、中心の位置を占めていた。また先述のように、未開業を含む一万錘紡績の半数を大阪府が占めていた。

大阪での紡績ブームを主導したのは、綿業関係商人を含む多様な業種の商人であった。市内の堅実な実業家を網羅したといわれる天満紡績会社の発起人（資本金六〇万円中一五万円引受）一三人中には、八六年における大阪市内五万円以上資産家調査に記載のある六人（木綿太物商、売薬商、私立銀行、銀行、両替商、雑業）を含み、摂津紡績会社の発起人（資本金一二〇万円中五〇万円引受）一一人のうちに、同上資産家五人（両替商、舶来反物商、洋糸商、貸付業、洋綛糸商）を含み、また大阪財界第一流の人物を網羅したといわれた浪華紡績会社の当初の重役には、同上資産家三人（肥物商、海魚商、金銭貸）が加わっていた。

設立に際しては、数人ないし十数人の発起人が総株の相当部分を引き受けて設立認可を求め、認可を得たうえで縁故を辿ったり新聞広告などで一般株主を募集するのが普通で、株主数は一〇〇人以上を数えるのが普通であった。その際、第一位株主が総株の一〇％以上を所有するのは例外的で、上位一〇人で三分の一程度を所有する場合が多く、その意味で共同出資的色彩が強かった。

隣の兵庫県で設立された尼崎紡績会社は共同出資の典型で、尼崎の商人達五人と大阪の両替商達五人を創立委員としていたが、創立委員福本元之助の提案で、総株数二万株（一株額面二五円）に対し一人最高引受株数を四〇〇株に制限したという。設立時の上位株主を見ると、筆頭の四〇〇株株主が八人、三五〇株株主が一人、三〇〇株株主が五人となっている。この上位一四人の持ち株は五〇五〇株で総株数の四分の一をやや上回る程度に過ぎない。他方五〇株未満の小株主が二八〇人を数え、五八五七株を所有している。ここでは、尼崎と大阪という異系の出資者グループが、特定の者の専制支配にならぬよう均等的な出資をして、その共同出資を呼び水に、広く社会的な資金集中を図っているといえよう。

大阪の投資グループ

一八九〇年前後の時代の大阪財界人と関係会社を分析した伊牟田氏は、当時の大阪財界には、住友と鴻池は別格として、肥料商で第四十二国立銀行頭取の田中市兵衛を中心とするグループ、長州系の政商で藤田組の藤田伝三郎を中心とするグループ、洋反物商で第百三十国立銀行頭取の松本重太郎を中心とするグループ、木綿商で第三十四国立銀行頭取の岡橋治助を中心とするグループがあり、さまざまな企業にグループ共同で出資をしていたという（前掲書、第六論文）。また大規模な企業の場合には、異系のグループの共同出資が見られた。遡れば大阪紡績会社の開業時の株主には、住友吉左衛門・藤田伝三郎・松本重太郎・第三十四国立銀行取締役が加わっていた。

このような共同出資というあり方は、高配当を期待できる反面リスクも大きい新産業に、個人資産の多くを集中する事を避ける一方、特定の少数者に経営権が独占されることを回避する投資行動であったといえよう。リスク回避はリスク分散という形でも現れており、桑原紡績・八幡紡績・摂津紡績の大株主・重役であった高田久右衛門（紅花屋）のように、複数の紡績会社の大株主になったり、重役を兼任することも少なくなかった。

重役は大株主代表という性格が強く、たとえば摂津紡績（一八九〇年末）の社長平野平兵衛（呉服太物綿糸商）、取締役伊藤九兵衛（羽州屋、毛織物製造業、八幡紡績取締役）・竹尾治右衛門（呉服商）・岩田惣三郎（綿糸商）・金沢仁兵衛（米穀肥料商、第四十二国立銀行重役、大阪商船取締役）のうち、金沢以外は上位一〇人に入る大株主であった（高村直助「摂

津紡績会社」〈山口和雄編著『日本産業金融史研究　紡績金融篇』〉)。

彼らは家業があるうえに数社の重役を兼ねる者もあり、非常勤的存在であった。金沢仁兵衛は平野紡績社長でもあったが、平野紡績への出社はわずかに月一度位であったという(絹川太一『本邦綿糸紡績史』第四巻)。したがって日常的な経営業務は、専門的な技術者や商取引の経験豊富な者を雇用して、これにゆだねる傾向が強かった。摂津紡績の技術長は、機械選定のための洋行費を三社で負担するという条件で平野紡績・尼崎紡績の技術責任者を兼ねた菊池恭三(工部大学校機械工学科卒)、商務支配人は綿糸商の岩田が取締役と兼ね、社員の村上敬吉が補佐した。月給は、実質的役割を反映して、社長三〇円、取締役一〇〜二〇円に対して、技術長五〇円、支配人六〇円であった。

大阪府の会社法制

内閣で審議される鉄道とは異なり、紡績会社の設立は地方官の判断にゆだねられていたが、紡績会社が叢生した大阪府の場合は、どのような措置が取られていたのであろうか。

大阪府は一八八六年(明治一九)二月に合資結社営業取締規則を制定し、会社設立に際してはすべて規則書を添え、戸長の奥印を受け出願するように定めた。その規則書には資本金の四割以上を引き受ける発起人の住所氏名、「資本入金の期限」「責任有限無限の区別に対しても、認可未済のものは一ヵ月以内に認可を受けることを義務づけたのである（『明治大正大阪市史』第六巻、九一六〜九一七ページ）。

これらは安易な会社設立を困難にするものではあったが、府の認可を得たということは一般投資家に一定の安心感を与えるものであり、事実この頃から会社設立熱が高まってくるのである。またちょうどこの頃、先に述べたように、政府は政府（内閣）認可以外の会社の有限責任の対外的効力について厳しい解釈を打ち出しており、このままでは一般会社の株主は大きな不安にさらされる状況になっていた。

これに対して大阪府は敏速に対処し、四月二日先の規則に第六条として、「社名の冒頭へ其の有限責任若くは無限責任たる事を名称すべし」を追加した。この規定は、イギリスの有限責任法（一八五五年）が会社の名称の末尾にLimitedを付することを義務づけたことに倣ったものであろうといわれている（吉田準三「わが国明治前半期の会社制度の展開過程」〈『流通経済大学論集』第二四巻第三・四号〉）。内部の決定だけでは周知されたとは見なされないという問題を、これによって乗り越えようとするものであり、事実これ以後設立された大阪の紡績会社は、いずれも社名の冒頭に「有限責任」を冠している。このような規定によって株主は、万一の場合無限責任を追及される不安を脱して、株式投資することができるようになったといえよう。

　第一次企業勃興は、紡績をはじめとして大阪において活発であった。それにはもちろん、前提となる経済力や工業に適した地理的条件などが存在したことはいうまでもないが、このような府県レベルの法制的措置も一役を買っていたのではないであろうか。

府の介入とその意義

実は大阪府は、紡績会社の設立に関して、先の規則の範囲を越えて介入している。それは自由な会社設立を難しくするものではあったが、しかし泡沫的・投機的会社設立を阻止するという点で、中期的には紡績会社勃興に貢献したといえよう。

　天満紡績の場合、八七年三月に設立が認可されたが、その後府農商課から指図書が出され、これに対し、株主は一〇分の四払込み以前は株を「他へ売譲渡し等」しない、発起人は「工事第一着成功」以前は退社・株売りしないとの「契約書」写を提出している（絹川前掲書、第六巻、二四三～二四四ページ）。

　平野紡績会社の場合、八七年三月二五日発起人一一人が創立願を提出したが、三月三〇日府農商課は、東成・住吉郡役所に、発起人の「其の資産の概額、品行及本業を成し遂げられるべき見込」を取り調べるよう照会した。これに対し四月八日両郡役所より農商課宛てに「平素の品行性質より見れば本業を成し得べき見込に之有り、資産は概算左の通に付」と回答した。一方、農商課の照会に対して、四月九日堂島紡績所から、五千錘規模紡績の各種要件を回答している。次いで四月一三日府第一部長から天王寺郡役所宛て「近来会社設立流行の時に際し或は十分の定見も之無く、漫然出願及び候様の儀之有り候ては、本人等の不利益は申す迄も之無き儀に付、其の計画予算書」（同前、第四巻、六〇ページ）を取り立てるよう照会した。これに対して五月三日、東成・住吉郡長から府第一部長宛に「株金収出予算」「営業半年日数百五十日損益予算」（四月二八日）が届けられている。そして、府第一部から郡役所に対し、天満・浪華の例に倣い、開業まで発起人は株を売却しない、一〇分の四払込みまでは株売買をしないとの発起人「受書」を取らせたうえで、六月七日設立を「允許」している。

摂津紡績の場合、八九年四月一六日、発起総代四人が出願したが、四日後に改めて「御諮問に依り答弁書」を提出し、他社との合併は不可である、他社職工を引き入れない、発起人は開業まで株転売しないとしており、二三日に設立を認可されている（同前書）。

このように設立過程への介入がなされているが、それでも、平野紡績会社では早々に発起人のうち数人が払込み不能で交替し、浪華紡績会社や摂津紡績会社では設立の中心となった綿花問屋や両替商の払込資本金私消事件が生じて、出資者や重役陣が交替している。あるいは、府の介入がなければ、このような事件はもっと頻発していたかも知れないといえようか。

配当第一主義

株式会社設立ブームは、何よりも高配当・高株価の魅力によって生じたものであっただけに、新設開業した会社には一般株主から高配当が求められていた。会社重役にしても大株主代表という性格が強く、また兼任で非常勤的な存在が多かったので、会社の中長期的な発展よりは、一般株主同様に当座の高配当を要求する傾向が強かった。

叢生（そうせい）しつつあった一万錘規模の紡績会社の実質的な経営の担い手達は、国際競争に勝ち抜くためには、少なくとも三万錘程度の規模に拡張することが必要だと考えていた。そのための拡張資金の調達は、当時にあっては株式資本の増加がほとんど唯一の手段であり、その増資は通常現株主への割当てによっていた。高配当・高株価を期待する株主に追加払込みや増資を引き受けさせるには、高配当の実行が求められていたのである。

大阪紡績会社の工務支配人山辺丈夫は、紡績連合会の機関誌『連合紡績月報』第二号

（八九年六月）に掲載された「紡績業固着資本消却及損益計算に関する私説」の中で次のように述べ、積立てや設備の老朽化に備えての減価償却などの内部留保を行うことの困難を嘆いている。

> 数多き金主の内其の多数は、已設会社の優利に眩し急卒新設会社の経画をなし、前途収利難易の如何を問はず、徒らに前者の優利を其の会社の前途に予期し得意の顔色を表する者もある可く、或いは又一時の株券熱に浮かされ単に投機の一点より株主となり、配当の厚薄相場の高下に依り冷熱去就其の状を異にし、其の会社永遠得失経済の如きは毫も関心せざる者もあらん、此の如きは自然の勢ひにして到底免がる可からざるものなりとせば、身自ら其の会社の実業に従事し其の事務隆替の責に任ずる者は、其の会社成立の事情を察し業務の鞏固と隆盛を希図すると共に、成る可く配当金の割合を厚くし株主の歓心を得る事を務むるは当然の義務と謂ふ可し……会社永遠鞏固の点の如きは拠ん所なく第二の問題に付し去り、仮令不相当不確実の処置と見做すも、積立て消却の割合に於いて痛く減折せざる可からざるなり。（一～二ページ）

八九年下期に利益処分の内訳が判明する紡績会社は一〇社であるが、配当の比重が最も高いのは平野紡績会社の八一％、最も低いのは三重紡績会社の五六％であった。三重紡績は、委員兼支配人の伊藤伝七が、内部留保の必要を強く認識していると同時に最大の株主でもあり、高配当を求める株主の声を押し切る力量を持つという例外的存在であった〈村上はつ「三重紡績会社」〈山口和雄前掲書〉〉。減価償却は四社しか行っておらず、それも創業費か、せいぜい付属設備についての少額なものにとどまり、紡績設備について実行しているものはなかったのである〈高村直助『日本紡績業史序説』上、第一章〉。

他業種の場合でも経営者は増資の必要に迫られていた。鉄道の場合でも、公称資本金の一部の払込みでまず部分的に路線を建設して開業し、次いで追加払込みや増資によって資金を調達して次の計画路線を建設するというのが通例であり、それには良好な配当で株主を満足させる必要があったのである。山陽鉄道の中上川彦次郎社長は、長期的観点から、鉄道設備や車輛に質的に高い水準のものを求めて積極的に資金を投じたが、配当の少ないことに不満を持つ株主に排斥され、早くも九一年一〇月には辞職しており、その後村野山人副社長は、車輛を転売して配当金増加に務めたといわれる。

会社の普及

会社法の施行

商法の公布　一八八六年（明治一九）八月、井上馨外務大臣の主張に基づき外務省に法律取調委員会が設置され、八七年四月には、元老院における商法典編纂事業を引継ぎ、条約改正との関連で商法典編纂を進めた。井上の失脚で同委員会は一〇月、司法省に移管されたが、今度は帝国議会開設前の公布を目指して審議を急ぎ、八八年一二月に商法草案全部を議了、八九年六月、元老院総会議は商法草案を可決した。ここにようやく一八九〇年（明治二三）四月商法が公布され、その時点では翌九一年一月からの施行が予定されていた。

商法では、株式会社に関しては、免許主義以外の諸点では株式会社の基本原則がほぼ満たされた。

まず全社員の有限責任については、「其の義務に対して会社財産のみ責任を負ふもの」（第一五四条）と間接的表現ながら明文で定められた。会社機関については、総会・取締役（三人以上、専務を置きうる）・監査役について規定している。総会での議決権については、一株一票を「通例」としたうえで、一一株以上の議決権を定款で制限しうることとした。株式については、一株二〇円（資本金一〇万円以上は五〇円）以上の等額額面とすることが定められ、四分の一払込み（登記）以前の譲渡は無効とされたが、以後については株券・株主名簿への記載と会社の承諾を条件に認めている（第二一四条）。ただし元所有者に額面の半額までの払込み義務を課した。

会社法ようやく施行

しかしこの商法は予定通りには施行されなかった。法学の世界では英法派の反対があり、政府部内でも慣行を無視して西洋に追随するものとして反発するものがあり、東京商工会も七月に施行延期を建議している。一一月に開設された帝国議会でも、議会開設に先立って公布された法律への反発もあって、一二月末には商法及商法施行条例施行期限法を議決して施行を九三年一月に延期し、さらに九二年一一月には民法及商法施行延期法を議決し施行を九六年末まで延期した（福島正夫

『日本資本主義の発達と私法』第一部第二章第四節)。

しかし、会社に関する部分に関しては、批判はほとんど存在していなかった。九〇年恐慌が深刻化し会社をめぐるトラブルが頻発するなかで、会社法部分の施行を求める声が高まった。九一年七月四日の『東京経済雑誌』は「会社法速かに実施せざるべからず」と論じており、大阪商法会議所は九〇年一〇月、一部修正で実施を断行するよう決議していた。東京商業会議所も九二年六月には、一部修正で速やかに施行することを建議するようになった。会社法の部分についての修正意見は、免許主義を含めてほとんどなかった。

このような状況のもとで、一八九三年(明治二六)三月商法及商法施行条例中改正並(ならびに)施行法が議決・公布され、同年七月一日から、商法のうち会社、手形及び小切手、破産の部分が一部修正で施行された。初めて株式会社制度を規定した国立銀行条例の制定から、数えて二一年目のことであった。会社法部分での修正は手直し程度で、そのうち監査役権限縮小は、九二年東京商業会議所の修正案を取り入れたもので、株式譲渡の場合の元所有者の額面全額払込み義務は政府が独自に修正したものであった。

株式会社の規定

会社法では、会社はいずれも法人格を持つ合名会社・合資会社・株式会社の三種とされたが、株式会社に関する規定をやや詳しく見よう。

株式会社については、七人以上の有限責任出資で成り立つものとし、商号（社名）には株主の姓を用いてはならず、株式会社の文字を付すこととされた。設立には免許主義が採用された。設立の手続きについては、四人以上の発起人が目論見書と仮定款を添えて地方長官経由で主務省に出願し、主務省の発起認可を受け、そのうえで株主を募集して、総株確定後に創業総会を開催して、定款・取締役・監査役を決定し、あらためて主務省に出願して設立免許を受け、その後四分の一払込みのうえで裁判所に登記するものとされた。

免許主義が採用された点に問題を含んでいるが、もともと商法典編纂の基礎になったレースラー商法典草案（八四年）では準則主義をとっていたものが、商社法（八六年）で免許主義に改められたのであった。この変更は、日本の現状では、いい加減な株式会社の乱設で人民が財産を失う恐れを防止する必要がある、とのレースラー自身の意見変更によるものであった（利谷信義・水林彪「近代日本における会社法の形成」）。実際には会社法施行から九五年九月までの間に、農商務省への会社出願約三一〇社のうち、不認可とされたのは一三社にとどまった（三和良一「商法制定と東京商業会議所」〈大塚久雄ほか編『資本主義の形成と発展』〉）というから、免許主義とはいってもその運用自体は比較的緩やかであったといってよいであろう。

なお利益処分については、いわゆる蛸配当を禁止し（第一五三条、第二一九条）、利益の二〇分の一以上の準備積立てを義務づけている。

既存の会社に関する移行措置は商法施行条例（九〇年八月七日）で定められた。それによれば、既設株式会社は、「官許」を得て設立された、つまり法令に準拠して設立されたか、政府の審査・認可を得て設立された会社を除いて、施行後六ヵ月以内に地方長官を経由して主務省に出願して定款の認可を受け、定款認可後六ヵ月以内に登記しなければならないとされた。その際商号に「株式会社」を付すことが義務づけられたが、その他の点では既定の内容が追認された。

新商法の公布・施行

商法に関してはさまざまな批判が寄せられたことから、九三年に法典調査会が設置され、梅謙次郎等を起草委員として新たな商法の編纂が開始された。新たな商法公布が議会解散などで遅延したため、九八年（明治三一）七月から短期間ながら九〇年商法（旧商法）が全面施行されるという事態も生じたが、九九年三月商法及商法施行法が公布され、六月から施行された。これは旧商法に対し新商法と呼ばれる。

新商法では、株式会社設立に免許主義に代わって準則主義が採用された。この免許主義

の問題に関しては、東京商業会議所が、九四年八月の第三回商業会議所連合会に、

> 此の規程は株式会社をして啻に無用の手数と費用とを負担せしめ、其の極遂に折角発達せんとするの事業を阻碍するの恐れあり……故に株式会社も合名会社・合資会社と同じく全く其の監督を裁判所に一任する者とし、以て之をして行政上無用の干渉を免かれしむるを至当とす。（同前、一五六ページ）

として、準則主義への修正建議の請願を提案していた。

起草委員も準則主義を採用することにしたが、その理由としては、合名会社・合資会社との権衡、各国の趨勢（準則主義への移行はイギリス一八四四年、ドイツ一八七〇年、フランス一八六七年）、実業家の請願、時代の推移、手続きの時間的不便等を挙げていた。

準則主義への変更に伴って設立の手続きも簡便化された。設立手続きは、七人以上の発起人が定款をつくって株主を募集し、額面の四分の一以上払込みのうえ創立総会を開催して取締役・監査役を選出し、そのうえで裁判所に登記をすることになった。

なお株式額面は五〇円以上とされ、一時全額払込みの場合に限って二〇円以上が認められた。なお株式譲渡は登記以前は禁じられた。

また旧商法にはなかったものとして、合併に関する規定や優先株に関する規定が設けら

れた。社債は、旧商法では記名式しか認められていなかったのに対して、無記名式も認められるようになったが、金額は払込資本金以内に制限された。

第二次企業勃興と産業革命の達成

第二次企業勃興

日清戦争（一八九四〜九五年）の勝利による巨額の賠償金の取得を前提に、日本銀行が一八九五年（明治二八）六月、積極的貸出方針を表明したのをきっかけに第二次企業勃興が始まり、「農民は貯蓄米を売り飛ばし、商賈（しょうこ）は仕入れを減じても尚ほ権利株売買に狂奔」（『東洋経済新報』第八号、一八九六年一月二五日、四一ページ）する有様となった。会社（銀行を除く）払込資本金の規模を通貨流通高と対比すると、八九年には半分弱、九四年には六〇％であったが、九九年には上回るようになった。

九九年までの五年間の払込資本金の増加は銀行において著しく、銀行の預金もようやく増加して払込資本金の二倍に近づいたが、繁忙時には日本銀行への依存度が高かった。銀行を除く諸会社の払込資本金増加の三六％と三分の一以上を鉄道が占め、水運が一〇％、紡績が八％を占め、綿紡績業は九九年の工業資本の二七％を占めていた（前掲表4）。

私鉄の営業キロは九七年に官鉄の三倍を超えたが、第二次勃興での新設は地方・中小鉄道が多く、払込資本金増の六〇％は既設の五大私鉄が占め（合併増資を含む）、九九年度末の鉄道払込資本金の六六％を占めていた。各社は配当第一主義で増資を実現させて幹線完成を目指し、一九〇一年には、下関までの山陽鉄道全通によって東海道線を挟んで本州縦貫線が完成し、鉄道は汽船と競争ないしは並行して商品流通を活発化させていった。

日清戦後（一八九六～一九〇〇年）の産業補助金（一般会計）の八一％が海運（造船一%、鉄道三%）に投じられたが、九六年からの航海奨励金・特定航路助成金を支えに、日本郵船は欧州・北米・豪州航路を、新設の東洋汽船は北米航路を開き、貿易貨物の日本船積載率は、戦前の一〇％前後から九九年には三〇％台に上昇した。

綿紡績業では新増設が相次ぎ、労働者は一〇〇人以上規模で原動力を有する民間工場労働者数の三分の一強を占め、九四年の綿糸輸出税免除、九六年の綿花輸入税免除を契機に綿糸輸出を増し、九七年には綿糸輸出量が綿糸輸入量を上回った。各社は生産性向上と原料・製品売買での優位を求め、配当第一主義による増資で大規模化を図った。九九年には二万錘以上の二四社が全錘数の六三％を占めたが、そのうち三万錘以上の一一社は、一社を例外としていずれも第一次企業勃興期までに誕生し、拡大を遂げた会社であった。一九〇〇〜〇一年の日清戦後第二次恐慌によって戦後好況は終了するが、それは、貿易入超に対応した金融引き締めによって引き起こされたのであり、その貿易入超は、綿紡績業の好況に伴う綿花輸入激増を主因として生じたものであった。その意味でこの恐慌は、紡績資本が主導した本格的資本主義恐慌であった（高村直助『日本資本主義史論』第四章）。

産業革命の達成

綿糸輸出の輸入凌駕は、綿紡績業確立の指標であり、日清戦後第二次恐慌の発生は、綿紡績業を中軸として産業革命が達成され、資本主義が確立したことを示す指標であった。

一八八〇年代半ばから九〇年代末までの十数年間に、製造業の純国内生産は二倍以上に増え、鉱業と合わせて農業の半分をやや上回る比重を占めるようになった。工業生産においては綿糸の伸びが突出しており、その結果繊維は食料品を上回って全体の四〇％近い比重を占めるようになった。これに対して鉄鋼・非鉄金属・機械の重工業生産は全体の六％にとどまり、需要の多くを輸入に依存していた。また綿製品の輸出力には限界があったので、原綿の全面的輸入依存のもとで、綿製品の内需拡大に伴って綿関係品貿易の入超も拡大していた。

したがって綿紡績業の円滑な拡大再生産のためには、他の外貨獲得産業の存在が不可欠であった。その役割を担ったのが製糸業・石炭鉱業・金属鉱業などであったが、これらをもってしても増大する輸入をカバーしきることはできなかった。清国賠償金を基礎に九七年には金本位制が確立するが、その目的の一つは、欧米からの資本輸入の前提づくりにあったのである。

主要部門の企業形態

以上スケッチ風に述べてきた産業革命期の主役・脇役の諸主要部門のうち、綿紡績業・鉄道業・海運業では、企業形態としては株式会社が支配的な位置を占めていた。

これに対して製糸業・鉱業ではそうではなかった。輸出向け器械製糸業の発展を主導した長野県諏訪（すわ）では、器械製糸場での繰り糸は個人や一族によって営まれるのが普通であり、合資岡谷製糸会社（一八九七年）のような会社形態をとるものは例外的であった。それは、製糸器械が機械としては未熟なもので、多額の設備投資を要さなかったからであったといえよう。共同出荷・共同購繭（こうけん）や購繭資金共同借入などのため製糸家達によって製糸結社が結成され、結社の事業として共同揚返場（品質を斉一化するため、生糸を小枠から大枠へ巻き直す所）を経営するようになるが、揚返場も設備にそれほど多額を要するものではなかった。このような製糸結社を、『平野村誌』下巻は民法での「申合組合」であるとしている。

鉱業の場合、一八九九年には、石炭鉱業では三井鉱山合名・三菱合資・北海道炭礦鉄道・貝島・安川が石炭産出高の三九％、銅山業では古河・住友・三菱合資が産銅高の六三％を占めていた（『第十六次農商務統計表』）。このうち株式会社は、官営の炭鉱と鉄道との払下げを受けるために発足したという経緯を持つ北海道炭礦鉄道株式会社くらいで、ほかは、個人ないし同族的企業であった。

のちに筑豊御三家といわれた貝島は、九八年、太助・六太郎・嘉蔵・太市の一族四人を社員として資本金二〇〇万円の貝島鉱業合名会社を設立していた。また安川敬一郎は、設備拡充・新坑開削・他事業進出のための資金を確保することを目的として、九八年に大阪の松本重太郎・田中市兵衛・野田吉兵衛等一七人と資本金三〇万円の明治炭坑株式会社を設立している。しかし大阪側の経営方針への介入を嫌った安川は、日本銀行門司支店等の資金援助を得て一九〇二年株式を買い戻し、会社を任意解散している（『社史　明治鉱業株式会社』)。このように鉱山業の場合は、必要設備資金規模は大きかったが、広く社会的に資金を集める株式会社は例外的で、個人・同族企業への指向性が強かった。

地中に埋蔵されている鉱物を採掘し、地上に運び揚げてこれを商品として販売する鉱業の場合、経営成績の良否は、第一義的に地中の埋蔵鉱物の質的・量的良否にかかっており、設備投資はその鉱物の採掘と運搬の便宜のためにほかならない。鉱区の借区権は、日本坑法(一八七三年)では一五年間の期限付きであったが、鉱業条例(一八九二年)によって期限の制限がなくなった。したがって、優良鉱区の借区権を得た場合は独占的な高利益を得ることが可能であり、たとえ借金によってでも出鉱の設備を整えることができれば、共同出資者に配分することなく、多大の利益を個人ないし同族で独占することが可能であった。個人・同族企業への指向性の強さはこのような理由によるものと考えられる。

株式会社の普及　全国会社数の動向を示した前掲表1（五五ページ）によれば、一八九三年（明治二六）から九四年にかけて会社数は半分くらいに激減している。会社法が免許主義をとったため継続を断念した会社や、すでに有名無実になっていた会社が消滅したという事情があったと見られる。と同時に、従来会社以外の組織も統計に含まれていたのが、この年から省かれるようになったことも影響している。これ以前の会社統計はかなりの問題を含んでいたのである。

『日本帝国第十五統計年鑑』は、九四年末の合名会社・合資会社・株式会社の社数・払込資本金・株主数を記載していたが、その注記によれば、本表は、従来会社組合等の名義を以て営業するもの、又工業は集合体と一個人とを問はず千円以上の資本金を以て営業するものを掲載せしが、明治二十六（一八九三）年七月一日より実施せる商法により営業を開始せし合名、合資、株式会社の計数を掲ぐ、但株式組織取引所は本部に別掲し銀行は其部に掲げるを以て此に之を省く。（六七九ページ）

としており、この年から会社統計は従来よりも正確なものになったといえよう。ただし、末尾で述べられているように、株式取引所と銀行を含んでいないという問題があった。これに対して九六年についての『第十七統計年鑑』以降は、株式組織取引所と銀行を「商業」に含むようになり、以後会社統計の範囲は安定するようになったのである。

表7によれば、一八九六年（明治二九）において、株式会社が社数の過半、払込資本金では九〇％と圧倒的比重を占めており、会社のうちで株式会社が支配的な地位を占めている。すでに会社

表7　各種会社の動向

項目	年	株式	合資	合名	合計	株式	合資	合名	合計
						%	%	%	%
社　　数	1896	2,585	1,667	344	4,596	56.2	36.3	7.5	100.0
	1900	4,254	3,560	784	8,598	49.5	41.4	9.1	100.0
払込資本金(千円)	1896	357,524	27,572	12,468	397,565	89.9	6.9	3.1	100.0
	1900	695,903	45,194	38,155	779,251	89.3	5.8	4.9	100.0

注　伊牟田敏充『明治期株式会社分析序説』第6論文による．

法施行後わずか三年後のこの時点で、大規模事業に適合的な企業形態として株式会社が普及していたのである。

同族企業から合名・合資会社へ

同表によれば、一九〇〇年（明治三三）までの四年間に、払込資本金における株式会社の比重はほとんど変化しないが、会社数の内訳では株式会社の比重は半分を少し下回り、合名会社・合資会社の比重が増加している。その主たる理由は、株式会社形態には適さない同族的企業が、会社法施行に対応して合名会社・合資会社の形態をとり、その動きが税制改革によって促されたことにあった。

同族企業の最上位に位置する三井・三菱は、九三年の会社法施行に直ちに反応して合名会社・合資会社の形態を整え、また、大倉組、藤田組等の合名会社化が実現している。同族企業の会社化は、その後の税制改正によっても促進された。日本では、通常帝国主義時代の税とされる所得税法が、早くも一八八七年（明治二〇）に施行されていた。そこでは個人（戸主）への総合累進課税制が採用された。すなわち、三〇〇円以上から三万円以上の五段階の個人所得に対して、一％から三％までの緩やかな累進課税がなされ、法人は課税の対象外とされた（配当所得は個人所得に合算）。同年の納税者は一二万一〇〇〇人弱で全戸数の一・五％にとどまり、所得税額も租税総額の〇・八％に過ぎなかった。

いわゆる日清戦後経営のための増税の一環として、一八九九年（明治三二）に所得税法改正が施行された。ここでは分類課税制が採用され、法人所得に対しては二・五％、公債・社債利子という資本利子所得には二％（源泉での分離課税）、個人所得は三〇〇円以上から一〇万円以上までの一二段階に区分して、一・〇〜五・五％の累進課税がなされた。配当については、それを支出する法人が配当の前提となる所得に対して課税されているということで、それを受け取る個人レベルでは課税対象外とされた（『明治財政史』第六巻）。その結果、多額の利益を上げている個人・同族企業の場合、累進税率の個人所得税を負担するよりも、会社化して定税率の法人所得課税を負担した方が有利となり、個人・同族企業を合資会社・合名会社に改組する動きが促進されたのである。

なおこの所得税制改正は、同年の地租の二・五％から三・三％への引上げと相まって、地主の有価証券投資を促進する機能を持った。地主が土地に投資して小作経営を拡大する場合は、増税された地租を負担するほか、小作料収入も個人所得として累進総合課税の対象とされるが、公債や株式に投資する場合は、その利子・配当所得は個人課税の対象外とされたからである（中村政則『近代日本地主制史研究』第一章第三節）。

政商から財閥へ

明治初年の政商から、産業基盤を持つ財閥への転進を進めつつあった同族的企業は、会社法施行を機に会社形態を採用するようになった。

近世において呉服商・両替商を営んでいた三井家は、明治に入ると、各省や府県の為替方となって官公金を扱ったが、三井銀行（一八七六年設立）はその業務を継承し、また三井物産（同年設立）は、官営三池炭鉱の石炭や政府米の輸出を担当して、正貨獲得に協力した。しかし第一次企業勃興期頃になると、三井銀行は官公預金を辞退して政府との癒着を整理し、三井物産も勃興する紡績業の機械輸入や綿糸輸出・綿花輸入を担うようになり、また三池炭鉱の払下げを受けて産業基盤を持つ財閥へと転進し始めた。

そして、会社法施行の一八九三年には、主要傘下企業である三井銀行・三井鉱山・三井物産・三越呉服店をそれぞれ合名会社組織にしている。合名会社の場合は社員全員が無限責任を負うことになり、対外的信用は高い反面、いったん破綻した場合は、当然に全社員が無限責任を追及されることになる。これに対し三井は、同族一一家がそれぞれ四社のうちの一社だけの社員になることとし、一社が破綻した場合の影響を局部にとどめるようにしている。そして会社形態をとらない三井同族会をつくり、各会社の活動を統括し、各家個々による財産処分を制約して「総有」を守ったのである。

岩崎家の三菱は、土佐藩の藩営事業を継承して海運業を営み、政府の軍事的・経済的必要に対応して、その保護を受けつつ沿岸・近海航路を整備してきたが、半官半民の共同運輸との競争を経て、主業であった海運部門を日本郵船に譲渡したのを機に、八六年に会社形態ではない三菱社を組織し、高島炭鉱や払下げを受けた長崎造船所などを統括した。

会社法施行の九三年に、岩崎家は金融資産は両家に残して、事業部門を三菱合資会社に組織した。合資会社は、新商法では無限責任社員と有限責任社員とでなるもので、そうであれば当然両岩崎家は無限責任を負うことになったであろう。しかし、旧商法では家族名を冠さなければ社員全員が有限責任であってもよいとしていた。これに準拠して社名に岩崎を冠さないことで、両岩崎家が有限責任社員である三菱合資会社が誕生したのであった。そして新商法ではこのような規程はなくなったが、しかし既存の合資会社の継続は認められたのであった。

財閥形成と株式

会社法施行に対応して、三井は合名会社、三菱は合資会社の形態をとったのであるが、財閥の法人化は、合資会社の場合も外部から資金を調達する意味は持たず、基本的に「自己金融」が維持されたといわれる。確かに、会社化を機に外部から新たな出資が行われるということはなかった。しかしそのことは、財閥形成が株式会社の時代と無関係に進められたことを意味するものであろうか。以下、財閥形成過程と株式との関係を見ることにしよう（以下詳しくは高村直助「産業革命と資本家的企業」）。

三井家の資産を統括していた元方は、四合名会社発足に際して、保有していた第一国立銀行・日本銀行・日本鉄道株等の有価証券約一四六万円強を、折からの株価上昇の状況のもとで、三井銀行に差益約三九万円を得て一八五万円で買い取らせ、これによって得た資金を、三井物産合名会社出資金一〇〇万円と三井鉱山借入金の一部返済に充てている。その後、地所部・工業部の新設（九四年）などで元方の三井銀行からの借入が増加したが、九六年、折からの日清戦後好況の中で、三井銀行所有の「代価」六〇〇万円強の株式を、買い取ったうえで時価で売り戻すという帳簿上の操作が行われ、売買差益一九三万円強が同行からの借入の返済に充てられた。

三井元方（大元方）の事業出資金は、八六年の一五〇万円から、一九〇〇年には九〇〇万円へと増加している。増加分七五〇万円のうち、二度の株操作による収入が約半分の三七八万円を占めており、しかもそのうち二三二万円が売買差益だったのである。三井が、事業多角化を推し進めながら「自己金融」を維持できた大きな理由は、株操作にあったのである。

三菱合資会社は、九四年末から一九〇〇年末にかけて、資産を三・二倍以上に急増させているが、それは第百十九国立銀行の編入、長崎造船所の大拡充、佐野・生野鉱山の払下げ、筑豊炭田への進出強化などによるものであった。ただしこの資産急増は、鉱山や炭鉱こそ当該部門の純益でほぼ賄えているが、造船所などは純益ではとうてい足りておらず、それはこの間に九三〇万円以上も増加した岩崎家からの借入金によっていた。岩崎久弥・弥之助両家の個人所得は九四〜九七年の四年間について判明するが、両家所得は四年間に四七六万円近くに上っており、その内訳は、株式配当五八％、三菱合資会社配当一八％など、金融資産からの所得がほとんどすべてであった。またここには現れていないが、株操作による売買益も大きかったであろう。

九七年（明治三〇）六月、日本銀行は公定歩合を二厘引き上げたが、その数日前、三菱は山陽鉄道・九州鉄道・日本郵船株など三万株以上を売却した。当時日銀総裁は岩崎弥之助であったことから、今でいうインサイダー取引ではないかとして世論の非難を浴びたが、これに対して三菱合資会社銀行部長豊川良平は、これら各社の増資のため投資のバランスを失したのを是正するのが目的であるとしつつも、三菱会社が戦後其の持株を売りたるは、今度始めての事にあらずして、一昨年の暮にも若干の株を売り、昨年の五月中にも亦(また)之を売りたり、然(しか)るに今度又社務の都合ありて……売却せり。(『東京経済雑誌』第八八三号、一八九七年七月三日、八ページ)

と述べ、盛んに株を売買したことは認めている。

三菱合資会社の多角的事業展開の最重要な資金的前提が、岩崎両家の巨額の株式所有と巧みな株運用にあったことは間違いないことであろう。

株主層

会社法施行後間もなく株式会社が急速に普及したが、それでは、株式会社の株主はどのような人々であったのであろうか。

大会社の大株主

この問題についてはまず、中村政則氏の大株主分析がある（「日本ブルジョアジーの構成」）。一八九九年（明治三二）の全国一〇三の大会社の株主を株主ごとに集計し、持ち株合計五〇〇〇株以上の九九人（持ち株時価合計一億七五五四万五一一七円）について分析したものである。同論文から持ち株時価一〇〇万円以上三二人を示したのが表8である。

第一位内蔵頭（くらのかみ）とは、皇室財産の管理担当者であり、持ち株時価は巨額で、九九人合計の四分の一近くを占めている。国家財政から独立した皇室財産の設定は八〇年代半ばから始

表8　103大会社の大株主(1898年)

(単位：千円)

氏名　(身分・住所)		持ち株時価	二株以外の時価
内蔵頭		41,971	40,032
十五銀行		22,965	26
岩崎家	(東　京)	13,619	10,883
三井家	(東　京)	8,856	7,762
島津家	(公　爵)	4,329	1,799
雨宮敬次郎	(東　京)	3,953	3,953
安田家	(東　京)	2,979	2,979
毛利家	(公　爵)	2,692	1,432
前田家	(侯　爵)	2,658	1,258
野本貞次郎	(東　京)	2,427	2,272
鍋島家	(侯　爵)	2,123	1,136
若尾一家	(神奈川)	1,897	1,657
田中平八	(神奈川)	1,876	1,876
浅野長勲	(侯　爵)	1,828	46
徳川茂承	(侯　爵)	1,627	7
足立孫六	(静　岡)	1,445	1,445
徳川儀礼	(侯　爵)	1,423	200
外山脩造	(大　阪)	1,414	1,414
田中新七	(神奈川)	1,354	1,354
徳川家達	(公　爵)	1,270	177
阿部彦太郎	(大　阪)	1,248	1,238
諸戸清六	(三　重)	1,187	984
原六助	(東　京)	1,157	1,157
黒田長成	(侯　爵)	1,153	669
渋沢栄一	(東　京)	1,142	1,098
岩倉具定	(侯　爵)	1,121	3
久松定謨	(伯　爵)	1,091	619
酒井忠道	(伯　爵)	1,082	323
亀田介次郎	(東　京)	1,079	982
松本重太郎	(大　阪)	1,044	1,044
藤田組	(大　阪)	1,039	1,017
塚本合名	(京　都)	1,000	606

注　渋谷隆一編『大正昭和日本全国資産家地主資料集成』V(原資料は『時事新報』1899年3月29日〜4月7日)による.

められ、八四年に政府所有の日本銀行株二五〇万円、横浜正金銀行株一〇〇万円（八七年日本郵船株二六〇万円）を移管、八五年には御料局を設置し、八九年には佐渡・生野鉱山を大蔵省より移管しており、九一年には皇室会計法が制定された。

第二位十五銀行は、先述のように華族の金禄公債を結集して第十五国立銀行として設立された銀行の後身であり、華族を中心に設立された日本鉄道会社に多額の投資をしており、この時点の持ち株のほとんどは日本鉄道会社株であった。

上位の大株主では、長州の毛利家、加賀の前田家、佐賀の鍋島家、芸州の浅野家、紀州・尾州の徳川家と徳川宗家など、華族が目立っている。大名・公家の華族三〇家が九九人の持ち株時価合計の二〇％を占め、これに十五銀行を加えると比重は三三％に上っている。

第三・四位は三菱・三井の両財閥が占めている。また幕末・明治前期の経済変動の中で、居留地貿易や米穀・金銀・生糸などの投機的取引で大きな利益を上げ、株式投資に向かった新興商人・実業家も目立っている。安田・雨宮・若尾・田中・阿部・松本などがそれである。一方、地方の大資産家である大地主は、上位には現れておらず、九九人のなかには新潟県の二名くらいである。

大株主全体としては皇族・華族・華族系の銀行が持ち株時価の半分以上を占め、財閥と新興商人がある程度の比重を占めるというイメージが得られる。

ただ華族の株式所有は、もともと額面三〇二六万余円にも上った華族交付の金禄公債が形態を変えたものであるうえ、その運用は安定的な資産株所有に向かう傾向があり、時間の経過とともにその相対的比重を減じる傾向にあったことも指摘しておくべきであろう。

大株主の持ち株のうち十五銀行と日本鉄道会社は、その設立において先述のように華族と特殊な関係のあった巨大会社であるので、いま仮にこの二会社の持ち株を除外してみよう（表8右欄）。

九九人の持ち株時価合計は一億一七四六万余円であり、その内訳は、華族三〇家で九％と大幅に低下し、十五銀行は〇％となるが、日本銀行・横浜正金銀行・日本郵船などの株を大量に所有する内蔵頭が三四％と突出した比重を占めることになる。一方、一般株主は五七％と過半を占めることになる。また、総持ち株時価上位二〇位には、内蔵頭・十五銀行と華族八人が含まれるが、二社の株を除く持ち株時価上位二〇位では、十五銀行が消え、華族は四人減って四人となっている。

ところで以上は、あくまでも大会社の大株主に限ったものであり、ここから株主の全体像を描いてしまってはイメージを誤る危険があろう。

商工業者の株式所有

株式会社は広範な社会的資金の集中にこそ意義があるとして、大会社や上位株主に限らず株主層を分析したのが、石井寛治氏である（「産業資本確立過程の株主層」）。

商業興信所『大阪・京都・神戸・名古屋商工業者資産録』によれば、一九〇一年（明治三四）末の大阪・京都・神戸・名古屋四市で調査対象とした「市人」二万七四九六人のうち、約三分の一の九〇一七人が株式・公債を所有しており、その時価総計は株約一億〇九一八万円、公債約二八五六万円に上っている。以下の数値は公債を含むが、その大部分は株式と考えてよいであろう。

所有額を階層別に見ると中間規模の所有が分厚く、特に四市所有時価の五五％を占める大阪市でその傾向が強い。すなわち所有時価総額のうち、一〇〇万円以上所有者の所有分は一二％（大阪市では九％）に過ぎず、一〇～一〇〇万円所有者の所有分が三六％（四三％）、一～一〇万円所有者の所有分が三七％（三六％）を占めているのである。

この分析から導かれる結論は、大会社の大株主層においてこそ、華族層が大きな存在であったとはいえ、広く普及した多くの株式会社の全体を見ると、会社株式所有の中心は、人数ばかりではなく出資額においても中位の層にあり、彼らは商工業者、なかでも商人であったということになろう。

会社企業の定着

最後に、一九〇〇年前後の時期は会社企業の定着期でもあった。いうまでもないことであるが、産業で用いられる設備は年月の経つうちに、物理的にあるいは時代遅れという意味で老朽化することは避けられない。とりわけ、設備投資が絶対的ないし相対的に大きい産業の場合、ある年月の後に設備を更新することを予定して、積立金を蓄積するか、老朽化に対応して設備の評価額を切り下げる措置（減価償却）を取っておかないと、中長期的にはその企業は破綻せざるを得ない。ところがこれまでのところ、株式会社は配当第一主義をとって積立てや減価償却を犠牲にしてきており、いずれは破綻せざるを得ない道を歩んでいたのであり、その意味で会社企業は未だ中長期的に定着したとはいえない状態にあったのである。

そこで、株式会社企業の定着の指標の一つは、企業の中長期的再生産の財務的基礎として、固定資産の減価償却（またはそれに代わる財務的措置）が開始される、あるいは本格化することであると私は考えたい。

産業革命において重要な役割を果たした部門のうち、株式会社が主要な形態で、かつ固定資産の比重が高かった紡績・鉄道・海運の三部門の有力企業を例として、高配当を求める一部株主の抵抗を排して、新たな財務的措置が取られていく過程を見よう（以下詳しくは高村直助「産業革命と資本家的企業」）。

紡績業での減価償却

一八九〇年代の紡績業では配当第一主義がとられ、高配当を梃子（てこ）に増資を実現して規模を拡大することが図られたが、その結果、内部資金の充実は犠牲にされ、金融逼迫に極めて弱い資金調達構造が形づくられた。九八年（明治三一）上期の二万錘以上の大会社一七社の場合でも、「諸積立金」は払込資本金の二七％にとどまり、これらに当期純益金を加えた自己資本は、固定資産に一％不足していた。

農商務省「日本紡績業沿革紀事（稿本）」（一九〇二年編か）は、次のように指摘している。

本邦紡績業の多くは、不時の災害損失に対し積立金の蓄積に意を用ふる事薄く……実に寒心の至りなり、又幾年の後には自然の損傷により改築の必要起こるべき建物機械に対し、一定の期年に基づき其の償却の準備をなすべき筈なるも……一般償却に対する感念薄く、偶ま多額の利益を得たる日に於いても、株主の歓心を買はんが為め特に配当を厚くし、償却は勿論積立金を為すこと至って尠く……依然旧態を脱する能はず、本業の基礎甚だ薄弱なり。（五五丁）

日清戦後の二度にわたる恐慌の中で、紡績会社の多くが資金繰りに難渋することになったが、この頃から内部資金充実を重視する動きが始まった。償却準備積立金普及の直接的契機になったのは、第一次恐慌に際しての日本勧業銀行の救済貸付（九八年）であった。救済貸付総額の四分の三強に当たる一六三万円弱が、綿紡績二一社に対して土地・建物・機械抵当で貸し付けられたが、その際、毎半期に機械原価の一・五%を償却積立金とすることが義務づけられたのである。

また、純益金計上前の固定資産直接償却は、九〇年代半ばに大阪・鐘淵の両紡績が開始したものの継続しなかったが、尼崎・摂津・三重の三紡績はいずれも九九年上期に開始し、以後ほぼ継続的に実施するようになった。その契機は、所得税法改正（九九年）で法人所得が課税対象にされた際、直接償却分は課税対象外とされる可能性があったからである。行政裁判の結果、一九〇三年には紡績機械に関しては二〇～三〇年償却が対象外とされた（高寺貞夫『明治減価償却史の研究』第Ⅳ部第六章）。

この時期が内部資金充実の画期となった内部的条件としては、規模拡大が一段落したうえに、恐慌・不況で当面増資の可能性が遠のいたこと、工務出身の山辺丈夫が大阪紡績社長（一八九八年）に、菊池恭三が尼崎紡績社長（一九〇一年）に就任したことに代表されるように、専門経営者の発言力が強まったことを指摘できる。

海運業での減価償却

政府の保護を受ける海運会社は、逓信大臣の命令書によって一定の船価償却が義務づけられていたが、この時期にはそれを越えて償却を強化しようとする動きが生じた。

大阪商船の一八九五年（明治二八）改正定款は、毎半期「総船価」の二％以上の減価償却を定めていたが、日清戦後の反動で業績の悪化した九七年には、配当が一〇％以下の場合は一％まで減じうるという逆行的な定款改正をし、九七・九八年の償却は年四％を下回った。九八年七月、経営建て直しのため逓信省鉄道局長から中橋徳五郎が社長に迎えられると、九九年下期～一九〇〇年下期には償却率は年五％強に引き上げられ、さらに一九〇一年上期からは償却基準が船舶「原価」に引き上げられ、以後それに対する償却率は四％強に上った。

日本郵船でも、一九〇一年（明治三四）五月定款を改正して償却基準を船舶の「現価」から「原価」に引き上げ、この変更基準で計算するとこれまでの償却合計では不足するので、同年三月期決算で保険積立金一〇〇万円と当期利益金七三万余円を充てて「船価整理」を実行した。さらに九月期決算においては、配当積増しを求める一部「改革派」株主の要求を排して、利益金の一部を「航路拡張及び船舶改良資金」として積み立てることとしたのである。

鉄道業における維持・改良費支出

私設鉄道条例は、勘定を「資本勘定」と「収益勘定」とに分け、設備の「維持保存に要する費用」は後者に計上するよう定めており、この点は私設鉄道株式会社会計準則（一九〇〇年）に継承された。これは、当時イギリスの多くの鉄道会社で行われていた複会計制度の下での取替会計、つまり資本勘定での固定資産は原価のままとし、各期の修繕・更新支出を収益勘定で処理するというやり方と同一のものであった。したがって鉄道業の場合は、設備の実質的減価への対策として、設備の「維持保存」のための営業費支出が、どの程度積極的になされたかが問題となる。

九鉄紛争　一八九〇年恐慌とその後の不況という資金調達難の中で建設を強行した九州鉄道の設備が劣悪なことは有名であり、維持費支出も不十分なため、しばしば事故が生じていた。一八九八年（明治三一）五月、元逓信省鉄道技官仙石貢（せんごくみつぐ）が社長になると、営業費が増え配当が減ったとして一部の株主が九九年七月、仙石排斥の「九鉄改革」運動を起こした。「改革派」と岩崎・三井等大株主側とは、井上馨に紛争の仲裁を依頼したが、一九〇〇年二月の井上「仲裁意見」は、路線拡張計画の縮小という注文は付けたものの、

車輛並びに路線等の修繕に多額の費用を要するに至りたること多し。……不完全なる儘に膨張せんよりも既成線の基礎を鞏固ならしむるは、即ち経済的事業進行の旨意に適（かな）ふものならむ。（『渋沢栄一伝記資料』第九巻、二八一ページ）

と、設備の維持改良支出については一切注文を付けておらず、仙石体制は維持されることになったのである。

日鉄改革　一方、日本最大の株式会社日本鉄道においても、九七～九八年に、社金六万円私消、機関方ストライキ、定数不足の中での定款改正議決等、不祥事

が続発し、磐城（いわき）線建設に伴う配当低下の予測もあって株価が下落したことも絡んで、重役陣を攻撃する運動が起こった。重役総退陣のあと九八年八月、社長に「改革派」の一人元鉄道会議議長曾我祐準が就任すると、新規事業停止、機構改革、人員整理が進められたが、この頃から車輛の維持・改良などのための営業費支出が増加していることは注目される。また一九〇〇年末の定款改正で「鉄道一般の改良費」に充てるため残余利益の一部を「特別準備金」として積み立てるようになった。

ではこのような変化はどのような条件によって可能になったのであろうか。まず、各社とも当初の計画路線がほぼ完成し、高配当を梃子に路線延長のための増資を行う必要性は薄れる一方、開業後約一〇年を経過して設備の老朽化対策を無視し得なくなってきたことを指摘できよう。また、九鉄紛争に見られるように、経営の実権を握った専門経営者と、中長期的に安定した配当を求める安定大株主との間に、設備維持・改良のための支出の必要について合意が成立したということがあった。

さらに鉄道局が規制と誘導によって設備改善を促進するようになった。私設鉄道法（一九〇〇年）に関連して制定された鉄道建設規程は、線路の勾配や曲線の限度、橋の鉄製化など、設備の具体的基準を定めていた。現実はこの規程を満たしていない場合が多かったが、以後鉄道局は、運賃値上げ申請に対して、規程を満たすような設備の改善を認可の条件とするようになったのである。

以上は各部門の代表的会社企業であり、直ちに一般化することはできないが、少なくともそのようなレベルの大会社においては、一九〇〇年頃は会社企業定着の画期になったといってよいであろう。

独占形成と「会社」——むすびにかえて——

「会社」は幕末洋行者によって日本に紹介されたもので、江戸時代においては、大商家の企業形態に合名会社・合資会社の前身を見ることは出来るものの、出資者全員が「無機能」「有限責任」である株式会社につながるものは存在しなかった。ただし一時的なものではあるが、廻船や大名貸しへの「加入」、さらには「富籤（とみくじ）」の流行などが、「無機能」「有限責任」出資の意識をはぐくみつつあった（「会社の発見」）。

維新政府は、富国の手段として株式会社の奨励に務め、一八七二年（明治五）の国立銀行条例によって最初の株式会社である国立銀行が誕生することになり、七〇年代後半には会社は一種の流行になった。しかし政府の「有限責任」認識はまだあいまいで、会社に関する法制度も整備されなかった。そのためいったん不況に陥ると、八〇年代前半には会社をめぐるトラブルが続発し、一時会社が忌避されるようにさえなった（「会社の奨励」）。

このような混乱のなかでも、少数ながら成功を収める株式会社企業も登場した。だが、最初に広く出資を募ることは困難であり、地方官による株の押しつけの行われた日本鉄道や、船舶の現物出資を募る大阪商船のような例もあった。また政府の保護がある場合も、必ずしも一貫したものではなかった。しかしそのなかから、大阪紡績のように企業努力で高い配当を行うものが現れ、株式ブームの前提を形成していったのである（「会社の先駆」）。

そして、紙幣整理が一段落して通貨価値が安定した一八八〇年代後半には、鉄道業や紡績業を中心に第一次企業勃興が起こった。公債に代わって株式が株式取引所の花形となり、多くの資産家が、高配当やキャピタルゲインを期待して、積極的に株式会社を設立し、また株式募集に応じた。この時期会社設立に対する府県の対応はまちまちであったが、政府の法制整備の遅れを府県の規則で補う大阪府のような例も生じていた（「会社の勃興」）。

一八九三年に漸く会社法が施行され、第一次企業勃興を期に産業革命が進展するなかで、一九〇〇年頃までに、株式会社企業が日本経済のなかに広く普及するようになった。株主層の頂点には皇室や華族があったが、株式全体の主要な持ち主は大都市の商人層であった。またこの頃は、配当第一主義から企業の中長期的発展のために固定資本の減価償却等に留意するようになる、株式会社定着期でもあった（「会社の普及」）。
　産業革命の達成にひきつづいて、早くも二〇世紀に入ると独占資本形成が始まる。それは重化学工業を舞台としたものではなく、産業革命期に形作られた主要産業部門を舞台としたものであったが、その過程は株式会社形態によって促進されたのであった。二〇世紀初頭における、日本での独占形成の動きと株式会社形態との関連を見ることで、本書のむすびにかえることにしたい。

独占組織の三形態　独占組織の三形態とされるのはカルテル、トラスト、コンツェルンである。

カルテル（企業連合）は、何らかの産業分野における独立した諸企業が、相互に協定を結んで価格・生産量などを調節し、特定分野の市場をめぐる自由競争を制限する独占形態である。ただし、あくまでも独立した企業間の関係であって、企業形態とは直接的な関係はない。

　トラスト（企業合同）は、やはり何らかの産業分野における有力企業が、合併によって巨大企業となって、特定分野の市場支配力を強める独占形態である。トラストの形成は、株式会社企業間の場合に進展しやすい。

コンツェルン（資本的支配の組織）は、持株会社が株式を所有することを通じて、外部の社会的資本をも含む傘下株式会社を支配する独占形態で、特定の産業分野を越えた支配を繰り広げる点で、三形態のうち最高の独占形態であるとされる。

武藤山治の大合同論

日清戦後の二度の恐慌によって紡績業が苦境を経験していた頃、一九〇一年（明治三四）末、鐘淵紡績の武藤山治は『紡績大合同論』を発表した。日本での合同論としては早い時期の例であり、大日本綿糸紡績同業連合会からパンフレットとして刊行されたので、当時それは業界以外にも広く知られたのであった。

武藤はまず、近年アメリカでトラストが流行していることを指摘し、その成功例としてスタンダード石油の場合を紹介し、日本の紡績業で大合同を行うことを提唱する。その際、合同に伴う利益として、小規模経営の場合に比較してさまざまな点で無駄が省け合理的な経営が可能になり、また大規模化によって銀行や商社に対する交渉力が強まることを指摘している。トラストは決して暴利をむさぼろうとするものではなく、消費者・資本主・職工の三者ともに利益を得るとしているが、綿糸販売価格については、不当な投げ売りをしなくてすむという理由付けではあるが、当時一〇〇円程度の綿糸一梱の販売価格を、「尚壱梱弐拾円を高め得るの余地ありと断言するを得べし」（『武藤山治全集』第一巻、四三二ページ）と述べている点は注目されよう。

買収による企業の吸収は、株式会社以外の企業形態の場合でも可能ではあるが、被買収企業の資産の時価評価は必ずしも容易ではないし、また買収資金の調達という問題もある。これに対して、株式会社同士でいずれも株価が成立している場合には、株価を基準とする時価評価が容易になされ、また株式の交付という手段で、現金を支出することなく合併を実現することができる。この意味で株式会社形態は合併促進に適合的な企業形態であるといえよう。

紡績業における合併

実際に、武藤の『紡績大合同論』が刊行された頃から、紡績業で企業の買収・合併が盛んに進み始める。たとえば鐘淵紡績は、一八九九〜一九〇三年に、恐慌で経営不振に陥った七社を合併吸収して、設備規模を三倍近くに拡大しているが、そのうち三社は買収、四社が株式交付による合併であった。

中津紡績合併の場合は、四〇万円払込株式に対し二七万五〇〇〇円の株式を交付している。また九州紡績は直接には対等合併であるが、その前段となる久留米・熊本両紡績の三池紡績への合併に際して、久留米の固定資産は九掛け、熊本は六掛けにディスカウントされており（岡本幸雄『地方紡績企業の成立と展開』）、さらに三池紡績が改称した九州紡績は、鐘淵紡績への合併前に、払込資本をいったん半額に減資するという整理を行っていた（山口和雄『日本産業金融史研究　紡績金融篇』）のである。その結果、鐘淵紡績は、当時一錘当たり設備代三三万円とされる状況の下で、一錘二三円に当たる額の株式の交付で五万六千余錘を入手しえたのであった。

このような合併によるトラスト化の動きは、三重紡績と大阪紡績の合併による東洋紡績の成立（一九一四年）、摂津紡績合併による尼崎紡績の大日本紡績への改称（一九一八年）によって頂点に達し、鐘淵紡績を含む上位三社は、一九一八年（大正七）の綿糸生産の五一％を集中したのであった。

財閥のコンツェルン化

三井財閥は、三井銀行・三井鉱山・三井物産の三合名会社を中心に、事業を急速に拡大しつつあったが、そのことは全体を統括する機構の強化を要請していた。また直系企業が合名会社形態であることは、万が一いずれかが経営的に失敗した場合、無限責任社員である三井一族に累を及ぼす危険性を内包していた。

そこで、事業全体の統括の強化と三井家の家産の保全という目的のもとに、一九〇九年、三井合名会社の設立と三井銀行・三井物産・東神倉庫（三井銀行の倉庫部門が独立）の株式会社化が実現した。手続きとしては、三井鉱山合名会社を、三井一一家全額出資の資本金五〇〇〇万円の三井合名会社に改組し、三井合名が直系三株式会社の全株式を所有することにしたのである。そのうえで二年後に三井鉱山株式会社を分離し、やはりその全株式を所有した。

ここに持株会社三井合名会社とそれが全株式を所有する四直系株式会社というコンツェルン形態が成立したのであった。

もっともこの段階では、四直系会社の株式会社化は、有限責任化によって家産を保全するということが主眼であり、株式会社化によって社会的資金を導入するということが意図されていたわけではなかった。改組に先立って一九〇七年に欧米を視察した三井家副顧問益田孝に対して、ハンブルク銀行頭取ウォルボルクが、

統轄的の会社は、全部の権利を三井家に掌握するは固(もと)よりなるも、三個の株式会社は四割九分迄は其の株式を売放つを得ることとし、五割一分は必ず之を保有して統轄会社に於いて常に其の管理を為すべし。（三井文庫編『三井事業史　本篇』第二巻、七四七ページ）

と述べたように、傘下企業に社会的資金を導入しそれを支配するという点に、コンツェルンの独占形態としての重要な意義があるとすれば、この段階の三井財閥の実態はそうはなっていなかった。

しかし第一次大戦期に、各事業が拡大を遂げ資金需要が増大するなかで、王子製紙・芝浦製作所などの傍系会社の持ち株を、支配権を維持しうる範囲で相対的に減らす傾向が進み、さらに一九一九年には、直系の三井銀行の四〇〇〇万円増資に際して、そのうち一五〇〇万円をプレミアム付きで公募するに至った。ここにコンツェルンは、その独占形態としての実質的意義を発揮し始めたのである。

三菱合資会社も一九一七〜一九年に、造船、製鉄、鉱業、商事、倉庫、銀行、海上火災の七部門をそれぞれ株式会社として独立させ、合資自体は持株会社となったが、三菱鉱業は一九二〇年の倍額増資に際して、株式公開に踏み切ったのであった。

二〇世紀初頭における独占形成は、このように株式会社形態によって促進されていったのである。

参考文献

石井寛治「産業資本確立期の株主層」（逆井孝仁ほか編『日本資本主義　展開と論理』東京大学出版会、一九七八年）。

伊牟田敏充『明治期株式会社分析序説』（法政大学出版局、一九七六年）。

Vichian Chakepaichayon（ウイチェン・チェクパイチャヨン）「明治初期の会社企業―八一社の定款分析」（『大阪大学経済学』第三一巻第一号、第三二巻第一号、一九八一～八二年）。

菅野和太郎『日本会社企業発生史の研究』（岩波書店、一九三一年）。

高村直助編著『企業勃興』（ミネルヴァ書房、一九九二年）。

高村直助「産業革命と資本家的企業」（坂野潤治ほか編『シリーズ　日本近現代史2』岩波書店、一九九三年、のち、高村直助『再発見　明治の経済』塙書房、一九九五年）。

利谷信義・水林彪「近代日本における会社法の形成」（高柳信一ほか編『資本主義法の形成と展開3』東京大学出版会、一九七三年）。

中村尚史「企業勃興期における幹線鉄道会社の設立と地域社会」（『社会経済史学』第五九巻第五号、一九九四年）。

中村政則「ブルジョアジーの構成」（大石嘉一郎編『日本産業革命の研究』下、東京大学出版会、一九七五年）。

野田正穂『日本証券市場成立史』(有斐閣、一九八〇年)。

福島正夫『日本資本主義の発達と私法』(東京大学出版会、一九八八年)。

星野誉夫「日本鉄道会社と第十五国立銀行」(『武蔵大学論集』第一七巻第二～六号、第一九巻第一号、第五・六号、一九七〇～七二年)。

宮本又郎「産業化と会社制度の発展」(西川俊作ほか編『産業化の時代上　日本経済史4』岩波書店、一九九〇年)。

宮本又郎・阿部武司「明治の資産家と会社制度」(宮本ほか編『経営革新と工業化　日本経営史2』岩波書店、一九九五年)。

安岡重明「企業形態」(同ほか編『近世的経営の展開　日本経営史1』岩波書店、一九九五年)。

由井常彦「わが国会社企業の先駆的諸形態」(明治大学『経営論集』第一〇巻第四号、一九六三年)。

由井常彦「明治初年の会社企業の一考察」(大塚久雄ほか編『資本主義の形成と発展』東京大学出版会、一九六八年)。

あとがき

私が歴史研究者を目指そうと思ったのは、三十数年もの昔のことである。関心のあった日本近代経済史の分野では当時、日本資本主義の「封建性」や「ゆがみ」についての議論が盛んであったが、先輩たちのそういう議論には違和感があった。

今にして考えれば、高度経済成長期の始まりの時期に成人したという世代的な事情があったかと思われるが、西洋諸国からの「外圧」と接触する以前に立ち遅れていたのは事実として、その後の急速な資本主義化は、むしろ驚異的なものではなかろうかというのが、私の出発点であった。

私が初めて発表した論文の表題は、「企業勃興期における紡績業の構造――大阪紡績会社の成立」というものであり、関心が会社企業の急速な勃興にあったことを表している。以後明治期を中心に研究を続けてきたが、資本主義化や会社企業の普及の急速さに対する驚きのようなものは、いわば原点として私の中に生き続けている。

「歴史文化ライブラリー」への参加を求められたとき、この際会社の誕生についてまとめてみようと思ったのは、私にとってごく自然なことであった。なるだけ多くの方に読んでいただきたいと、叙述は努めて平明を心がけたが、会社企業の急速な普及ぶりに対する驚きを共有していただければ幸いである。

最後に、本書が成るについて、多大のお世話を戴いた吉川弘文館の永滝稔氏、また私事ながらこの場を借りて、本書が出る頃は九三歳を迎える母と、辛抱強くつきあってくれている妻と娘に謝意を表したい。

一九九六年一〇月一〇日

高 村 直 助

著者紹介
一九三六年　大阪市生まれ
一九五九年　東京大学文学部国史学科卒業
現在東京大学教授
主要著書
日本紡績業史序説　日本資本主義史論　近代日本綿業と中国　再発見明治の経済

歴史文化ライブラリー
5

会社の誕生

一九九六年一一月一〇日　第一刷発行

著　者　高村直助（たかむらなおすけ）

発行者　吉川圭三

発行所　株式会社吉川弘文館
東京都文京区本郷七丁目二番八号
郵便番号一一三
電話〇三―三八一三―九一五一〈代表〉
振替口座〇〇一〇〇―五―二四四

印刷＝平文社　製本＝ナショナル製本
装幀＝山崎　登（日本デザインセンター）

歴史文化ライブラリー

1996.10

刊行のことば

現今の日本および国際社会は、さまざまな面で大変動の時代を迎えておりますが、近づきつつある二十一世紀は人類史の到達点として、物質的な繁栄のみならず文化や自然・社会環境を謳歌できる平和な社会でなければなりません。しかしながら高度成長・技術革新にともなう急激な変貌は「自己本位な刹那主義」の風潮を生みだし、先人が築いてきた歴史や文化に学ぶ余裕もなく、いまだ明るい人類の将来が展望できていないようにも見えます。

このような状況を踏まえ、よりよい二十一世紀社会を築くために、人類誕生から現在に至る「人類の遺産・教訓」としてのあらゆる分野の歴史と文化を「歴史文化ライブラリー」として刊行することといたしました。

小社は、安政四年(一八五七)の創業以来、一貫して歴史学を中心とした専門出版社として書籍を刊行しつづけてまいりました。その経験を生かし、学問成果にもとづいた本叢書を刊行し社会的要請に応えて行きたいと考えております。

現代は、マスメディアが発達した高度情報化社会といわれますが、私どもはあくまでも活字を主体とした出版こそ、ものの本質を考える基礎と信じ、本叢書をとおして社会に訴えてまいりたいと思います。これから生まれでる一冊一冊が、それぞれの読者を知的冒険の旅へと誘い、希望に満ちた人類の未来を構築する糧となれば幸いです。

吉川弘文館

〈オンデマンド版〉
会社の誕生

歴史文化ライブラリー
5

2017年（平成29）10月1日　発行

著　者　高村直助（たかむら なおすけ）
発行者　吉川道郎
発行所　株式会社　吉川弘文館
〒113-0033　東京都文京区本郷7丁目2番8号
TEL　03-3813-9151〈代表〉
URL　http://www.yoshikawa-k.co.jp/

印刷・製本　大日本印刷株式会社
装　幀　清水良洋・宮崎萌美

高村直助（1936～）

ISBN978-4-642-75405-7